脆弱的力量

Daring Greatly

How the Course to Be Vulnerable Transforms the Way We Live, Love, Parent, and Lead

布芮尼. 布朗 Brené Brown Ph. D. 著
洪慧芳 譯

／推薦序／

學習擁抱與投入脆弱

台灣智庫榮譽董事長、台灣大學名譽教授　陳博志

人生很多事是不確定的，我們的能力也非完美，因此我們常感到脆弱。作者發現面對脆弱的態度是成功人生的關鍵，退縮和冒進都不恰當。本書不是喊口號的勵志書，它以例證和分析，提供我們在許多情況下有用的態度和方法。

／推薦序／

脆弱的台灣社會，需要脆弱的力量

城邦媒體集團首席執行長　何飛鵬

台灣政治和經濟沉滯空轉的問題在哪？從社會中堅，到現在最徬徨的年輕一代，每個台灣人都不知道未來的方向在哪裡。不敢走出舒適圈，缺乏安全感的集體情緒，反映在經濟上的困境，社會充滿大肆追究的氛圍，大眾媒體也舉起殘酷無情的盾牌。我們的政治沒有對談，沒有人提出方向和對策，只有責怪和謾罵。

到底我們的社會出了什麼問題，要從根本上找到答案。

我們知道這個國家需要一個方向，亟欲在困境中找到出口，但追求安逸、迴避風險卻也是台灣社會普遍的價值觀，這之間是矛盾的，有人說這叫做「傳統工程師心態」。如果每個人都不願意走出舒適圈，這個國家沒有辦法產生任何變革的力量。一個缺乏冒險家、缺乏創業家的社會，怎麼可能出現奇蹟？

《脆弱的力量》一書的作者布芮尼．布朗（Brené Brown）博士認為，「脆弱」是面對風險和不確定時，產生的恐懼和不安全感。書中強調脆弱是人的本質，更是所有創造力和潛能的核心。在脆弱的當下，反而能激發人性最強大的力量。

我們的社會鼓吹強勢，認定脆弱是一種無能的象徵。但脆弱人人皆有：在團隊中提出創意時，會害怕被否定；想要創業，會擔心血本無歸。這種深怕失敗、怕被看不起，怕自己不夠格的脆弱和恐懼，正是阻礙組織和社會進步的力量。如果每個人都在關鍵時刻被脆弱打敗，無疑是浪費了潛能、限縮了創意，也侷限了整個社會的發展。

一個進步而有前瞻性的組織，需要以新的管理觀念重新洗牌。書中特別提到：領導人掌控全局、無所不知的觀念不僅已經過時，而且有害創意及發展。鼓勵展現脆弱，廣納意見反饋，採取更人性化的管理模式，是一條必行之路。

能夠培養「展現脆弱」的風氣，停止冷漠疏離，正是冒險推動社會進步的力量。當我們越恐懼，就越脆弱，然後更加恐懼，同時衍生出咎責謾罵種種形式，取代公共議題上應該要有的理性對談。展現脆弱，應該是一種台灣社會原有的價值觀，一種充滿人情味，充滿包容和同理心的價值觀。

台灣社會是脆弱的。這本書最大的啟示是告訴我們，脆弱並不是軟弱，走出舒適圈、展現脆弱需要承擔風險和不確定性，反倒是一種無限大的勇氣。脆弱，是一種更具前瞻性的價值觀，是一股更貼近台灣人的柔性力量，同時也帶給現階段台灣社會很大的反思。

推薦序

接受不完美，活出自我的快意人生！

富邦文教基金會董事　陳藹玲

週二晚間的自我成長團體課，八月中剛剛滿一週年。過去一年中，我努力在極度忙碌的生活裡，擠出固定時間參加由溝通專家趙雅麗老師指導的課程，爲的是「學習做眞正的自己」。很多人疑惑，可能也覺得好笑，都年過半百了，生活幸福、一切順利，還需要找尋什麼自我？老實說，一開始是爲了基金會和趙老師合作開班、服務女性朋友的計畫，抱著自己總要試上一試的心理。沒想到，竟然有出乎意料的收穫。

從溝通的基礎要領——如何傾聽開始，瞭解自我的多重版本、自我對話、學習親密關係的處理、到涉及極度個人隱私的分享，我和其他六位同學在笑淚中慢慢找到、開啓、並療癒了許多成長以來的傷痛。

每個生命有每個生命不同的故事，但是歸納最基本的道理，就是「踏實幸福人生的關鍵，在於做自己」，必須忠於自己的內心，才有眞正的平安喜樂。但如何做自己？說來簡單，做起來一點兒也不容易。先要「認識並接受自己」。

本書，由布芮尼·布朗（Brené Brown）博士寫的《脆弱的力量》，認為自己「值得」被愛並進而全心全意生活，是超越自卑、不再恐懼被脆弱擊倒的重要態度。沒錯！承認自己不完美，是認識眞實自我的第一個步驟。世界上本來就沒有完美的人，接受自己的原本面貌，功成名就與否，都無損於自己的價値。相信每個人都値得被愛，相信自己的存在有其獨特意義，就如「天生我才必有用」的說法，是踏入快樂人生的絕對必要元素。

記得高中時，錯過了當儀隊機會。我明明入選了，卻不知是因爲驕傲、還是不希望和他人競爭，而自動將難得的機會拱手讓人，讓我遺憾至三十多年後的今天。的確，因爲怕出糗、怕自己不夠好、怕不被大家接受，很多人努力隱藏自己的缺點或脆弱的地方，甚至開始用冷漠來武裝自己，「我不在乎」、「沒什麼了不起的」，以爲可以藉著忽視情緒和事實而讓自己更強。可是恰恰相反，冷漠的同時，人也開始失去，包括許多豐富的生命經驗和感動的時刻。與其作一個情感麻木的人，以爲不自卑就不痛苦，卻也遠離了生命的悸動？或是接受不完美的自我，並願意站出來、讓大家看見並認識活著的眞我？你選擇哪一樣？

在這個大家都喜歡比較、批評、憤世嫉俗的社會裡，面對眞實的自我並全心全意做自己，是一件非常需要勇氣與意志力的事。然而，每一個努力都一定會帶來進步、乃至喜悅。

同樣的道理也非常適合運用在親子教育中。讓所有的科目都拿手，讓每一方面都優秀，努力拉抬弱點，似乎是這一代父母教養孩子的迷思。因爲很多大人也從小被這樣要求長大。對上下兩代而言，許多壓力沮喪來自於此！孰不知，花那麼多的力氣時間、補習加強比較不擅長的科目，不如將之投注於發現並培養自己的強項。全心全意地接受自己，扮演適合自己的角色吧！找到自己的熱情，才能活出自我的快意人生！

／推薦序／

溫厚，良善的社會價值

TEDxTaipei策展人、TED亞洲資深大使　許毓仁

我的岳母的工作是保母，過去十幾年來她每天的工作就是用心照顧別人托付給她的小孩，最近她接到一個患有唐氏症的女寶寶，這個小孩長得很可愛，大大的眼睛經常掛著笑容，由於患有唐氏症，岳母常常要帶寶寶去醫復健，寶寶的媽媽常常會感嘆她先天的缺陷會讓她失去人生競爭的舞台，岳母總是會安慰寶寶的媽媽說每個孩子都是天使，她們來到世界上帶給我們歡樂，或許她不完美，不像別的孩子那麼聰明，但是她是獨一無二的。這件事讓我想了很多台灣社會的現象。

我們的文化是一種競爭的文化，從競爭中我們期待找出完美的產品和結果。從小我們被期待著成爲人中之龍，不能輸在起跑點上，從學校到社會，競爭建構出了一種衡量成敗的方法，我們也習慣於以結果評論英雄。我們的社會陷入一種單一思考（single story）的觀點，大部分的人已經習慣於只問事情的結果，而沒有深入思考事物的本質，整個社會輿論在單一觀點的顯微鏡下讓我們只看到眼前的問題，看不到問題背後的原因。

常常在思考這個社會需要一個什麼樣的價值觀？台灣過去幾年在競爭中衝突受傷。競爭、發展原本是商業的本質，適者生存，但是當我們只專注於競爭，我們也失去了許多。我們的孩子們在競爭的體制中不斷喪失對學習的熱情，他們知道要考好成績，卻不知道如何運用知識；他們知道如何成功，卻不知如何接受失敗，從中爬起來；他們知道如何升學，卻失去尋找自我人生實現的探索精神。

布芮尼．布朗（Brené Brown）的TED演講給台灣社會一個很深的啓示。在這個混亂的年代，我們不需要一種競爭的文化而是一種更溫厚、良善的價值觀。一種我們可以包容多元聲音的的價值觀，一種我們開始認眞看待生活中每一件事，陪著孩子們走過未來不確定年代的同理心，一種我們理性討論公共議題的信念。一種我們不必是世俗價值的成功卻也能充滿信心的處世哲學。這樣的力量脆弱但是有韌性，不需要強大，而需要持續且發自內心，也要同時相信每個人都可以參與改變。

或許過去經濟發展的榮景難以再回，現在卻是人心回到普世良善的社會價值的時候，是我們檢視內心，多一點常識的勇氣和寬容，多一點耐心和放心的時候。或許這就是這個混亂年代最重要的信號吧。

／推薦序／

創意，需要擁抱脆弱的力量

國立台灣藝術大學傳播學院教授兼院長　朱全斌

在職場上，「脆弱」是個不太受歡迎的形容詞，因爲它很容易被理解爲軟弱、退縮及不耐操。然而，花了十二年時間來研究脆弱的布芮尼．布朗卻告訴我們，脆弱是人與生俱來的本質，也是創造力跟情感的核心，我們不但不該否定它的存在，反而還要正面擁抱它。

我在大學裡教了好幾年跟創意培養相關的課程，遇見的都是出生於八○到九○間的Y世代，這個與網路科技關係最緊密的一群人向來有草莓族之稱，以草莓來標籤就是指他們脆弱、抗壓性又低，難道他們因而就要成爲失敗的一代嗎？我對此說法深不以爲然，而《脆弱的力量》這本書更肯定了我的想法。

跟上一代比較起來，隨著人類過度開發與追逐成長的迷思，Y世代對逐漸解體的社會與崩壞的地球毫不陌生，因而先輩們勇敢在社會打拚，壓抑個人脆弱面的堅強形象，完全無法得到他們的認同。從「洪仲丘事件」中我們看到，年輕人完全不認同藉保衛國家之名就可以踐踏人權的軍中磨練，因爲在他們眼中，許多隱忍否定自我的犧牲行爲是愚蠢的，甚至會助長上層階級欺世盜名的謊言。面對著不完美的世界以及人際關係，可以掌握的小確幸無疑是比較眞實的。

比先輩們幸運的是當Y世代對實體世界失望時，他們可以在網路世界中滋養在成長階段中受創而脆弱的心。面對自卑的情結時，他們並不和先輩一樣否定它的存在，而會在網路透過匿名或尋找可信賴的對象分享，因此更能坦白與面對令自我價值低落的感覺與經驗。

在我的創意課堂中，我總是告訴學生們不必急著去外在世界中尋找得道高人的創意方法，而應該先發現自己的創作沃土在哪裡？而這就像李安說過的，他成功的關鍵在於勇敢面對自己的脆弱，換言之，能夠勇敢對他人表露自我脆弱面，是挖掘個人創意能量的開始。

於是在我的鼓勵下，學生們就在課堂上輪番講述他們自己的故事，交換著個人的生命經驗。在他們分享時，臉上總是充滿著快樂的表情，興致勃勃地跟他人表白自己的喜怒哀樂，甚至隱私，而講到激動處泫然落淚更屬常見，那時彷彿眼前已無聽衆，全然忘我於個人的敘述中，十分接近創作的境界。

在這些故事中，我聽到的大多是阻礙創意之自卑狀態養成的故事，令人遺憾的是故事中的加害者多半來自於家庭或者教育體系，他們覺得自己不好或者有缺陷的意識也大都由父母或者老師那裡得來，這也是讓人們不敢發展自我最脆弱的部分。身爲老師，我也常常提醒自己不要用「貶抑」這種會造成學生自卑心理的方式教學。

無可諱言，網路世界也充滿了人心的險惡，不過它的確替不想太早社會化的年輕人提供了一個逃避的出口。假如脆弱之心在此可以涵養出勇敢面對與分享的勇氣，就像白衫軍透過網路連結顯現參與社會改造的力量，我們將可以期待最具同理心的世代出現。

／推薦序／

示弱不容易卻很值得

魅麗雜誌社長　徐瑞娟

聽到出版社想邀我寫推薦序，很意外，一我不是名人，二我不是專家也不是作家，我想應該是出版社人員搞錯了，等收到書稿和邀請函時，我才認眞想，眞的可以嗎？要寫嗎？我從沒寫過推薦序，萬一寫不好對出版社不好意思，讓對方爲難，也砸了《魅麗》的招牌。很多腦袋中的聲音一直冒出來，徘徊在我應該嗎？我可以嗎？我知道留在自己的舒適圈最安全，拒絕會是最容易的方法。但我也知道，人就是因爲不肯跨出自己熟悉慣性的範圍，才會把自己活得很侷限，唯有向未知探索才會擴張我們的生命，以上這些道理我都明白，但是人心有趣的地方就在：我們知道卻做不到，那個卡住的梗，就是那兒讓我們一直彆扭著。

幾個月前《魅麗雜誌》有推薦布朗博士的另一本著作，因此我曾上網去看她在二〇一〇年TED的演說，我好喜歡她那種帶點靦腆又誠懇的樣子，娓娓道來關於她的研究、她的發現是如何轉化了她自己的生命。這段影片據說點閱率高達千萬人次，布朗博士實證了「脆弱的力量」，只要你勇於示弱，生命就不受限。

這次我在本書中，更清楚地看到一個生命甦醒的故事：一家五代都是德州人，家族的座右銘是「上膛備戰」，天生討厭不確定感和流露自己的情感，人生的每個階段都用不同的盔甲避免自己太過投入。一個努力工作、認眞生活、擁有家庭、孩子、事業的女性，看似人生都在完整掌控中，卻在面對自己研究的結果中崩潰。一輩子想活得正確，卻被自己的研究歸類在無法全心投入生活的族群中。布朗博士被迫面對自己，過去的冷靜與人保持距離，抽離自己的情緒和感受，用麻痺來逃避那些讓人不安痛苦和焦慮的招數，在那一刻通通瓦解了。

布朗博士在自序中說道，過去她研究和發表有關自卑、全心投入、脆弱的相關理論，都是根據過去十二年收集的資料，像是個地圖製圖者，她引領大家到一個許多人都想去的人生方向，但這些年來，她卻學到自己必須成爲一個旅行者，即便是照著自己繪製的地圖前進，還是會有很多的沮喪和懷疑，令人舉步維艱，這雖不容易，但每一步都很值得。

這本書布朗博士用了更邏輯系統性的方式，闡述那些阻礙我們「活出自我」的因素，那個「永遠不夠」的文化價值觀，讓我們一直在牢籠裡打轉：錢賺得不夠多、我不夠好、不夠強、不夠聰明、不夠滿足、不夠有安全感……那是一股不斷自我譴責的聲音，不管我們是用捍衛爭取、冷漠麻木或退縮哀怨的方式，都無法填補內心的空洞。

「我不夠好」的信念帶來自卑和恐懼的情緒，每個人會在不同時間點，因為不同的理由，對應不同的人採用不同的招數，那些我們最常使用的討好、反抗或疏離都會切斷與他人的連結。布朗博士透過她的研究，再對應其他學者的論述，帶領我們看清自卑的虛幻，但更重要的是，她勇敢分享個人的經歷和領悟，向我們展現唯有接納自己的脆弱，勇於示弱，才會產生真正的自信與勇氣。

現在你終於看到這篇文章，在寫推薦序這件事情上，我經歷了自卑帶來的不安與焦慮，最後我決定接受自己原本的樣貌，誠懇並認真地寫下我的感受，不顧毀譽，勇於展現在眾人面前，這是我從這本書所學到的。

獻給史蒂夫

你讓世界更加美好，也讓我更加勇敢

目次

目次

何謂脆弱的力量

「放膽」（Daring Greatly）一詞節錄自羅斯福的〈民主國家中的公民權利〉，有時又稱為〈競技場上的鬥士〉，是一九一〇年四月二十三日羅斯福在法國巴黎索邦大學的演講內容，以下是讓這場演說名留青史的片段：

榮耀不屬於批評的人，也不屬於那些指責落難勇士，或挑剔別人哪裡該做得更好的人。

榮耀是屬於站在競技場上的勇者，屬於臉上沾滿塵土與血汗而英勇奮戰的人。他有時會犯錯，甚至一錯再錯，畢竟錯誤與缺失在所難免。

但他知道要奮戰不懈，滿腔熱血，全力以赴，投身崇高志業。

他知道最好的結果是功成名就，即使不幸落敗，至少他放膽去做了……

第一次讀到這段文字時，我心想，**「這就是『脆弱的力量』。十幾年來我研究脆弱所學到的一切，就是給我這樣的啓發。脆弱的力量無關勝負，而是瞭解勝負皆有必要，是積極投入，然後全力以赴。」**

「脆弱」不是軟弱，我們每天遇到的不確定性、風險和情緒衝擊並非我們所希望的，我們唯一的選擇是「要不要全力以赴」。我們是否接納脆弱的意願，決定了勇氣的強度與目標的明確性。我們逃避脆弱的程度，則顯示我們有多害怕又多不切實際。

當我們等到自己夠完美或萬無一失時才上戰場，可能會犧牲再也無法挽回的關係和契機，浪費寶貴的時間，也放棄自己得天獨厚的才能。

我們都嚮往**完美**和**萬無一失**，但那是不存在的人類經驗。我們必須勇敢上戰場，無論那是一座什麼樣的戰場——是新戀情、重要會議、創意流程，或者是對家人難以啓齒的話——要全力以赴。與其坐在場邊兀自批評，**我們應該勇於展現，站出去，讓大家都看見眞正的你**。這就是脆弱的力量，這就是**放膽**去做。

請跟我一起探索以下問題的答案：

- 是什麼讓我們害怕自己的脆弱？

「脆弱」不是軟弱，
我們唯一的選擇是「要不要全力以赴」

● 我們如何逃避自己的脆弱？
● 當我們避而不談，置之不理時，會付出什麼代價？
● 爲了改變我們的生活、感情、教養與領導方式，我們該如何接納脆弱的自己？

我的競技場冒險

我眼巴巴地看著她說：「我恨死自己的脆弱了。」我想，她是個治療師，肯定遇過比我更棘手的個案。況且，她愈早瞭解她面對的狀況，我們可以愈快結束整個心理療程。「我痛恨不確定的感覺，討厭自己不知道的感覺，也無法坦然承受失望或受傷的感覺，那太折磨人了。脆弱是一種很複雜的感受，**而且**很折磨人，你懂我意思嗎？」

戴安娜點點頭，「嗯，我知道脆弱的感受，我很清楚，那是一種微妙的情緒。」接著她抬起頭來，露出一絲微笑，彷彿在想像某種美妙。當時我的表情肯定很困惑，因爲我想不透她在想像什麼，我突然擔心起她是正常人嗎？還有自己該怎麼辦。

「我剛剛是說**折磨**（excruciating），不是**微妙**（exquisite）。」我指出，「還有，我想要講明一點，要不是我的學術研究內容把『脆弱』和『全心投入』連結在一起，我今天就不會在這裡了，我討厭脆弱的感覺。」

「是什麼感覺？」

「感覺渾身不對勁。好像什麼都不對，然後我得要去補救和改變些什麼。」

「要是改不了呢？」

「我會很想揍人。」

「妳揍了嗎？」

「當然沒有。」

「所以妳怎麼做？」

「打掃家裡，吃花生醬，怪罪這個、怪罪那個，然後想辦法讓一切完美，只要是還沒搞定的事情，都要盡可能在我控制之下。」

「妳覺得自己什麼時候最脆弱？」

「當我害怕的時候。」我抬起頭，看到戴安娜用治療師慣用的暫停與點頭的回應方式，等待我多說一些。「焦慮，不確定事情進展的時候，或是要講一些難以啓齒的話，或是嘗試新事物，或是做讓我不安的事情，還有就是當我要面對外界批評指教的時候。」戴安娜再次停頓，接著認同地點頭。「當我想到我有多愛我的孩子和史蒂夫的時候，還有，想到萬一他們出事，我的人生就完了。當我看到我愛的人痛苦掙扎，我卻愛莫能助，只能在一旁陪著他們的時候。」

「我瞭解了。」

「當一切太順利時，我會害怕，那個時候會有脆弱的感覺。或者當狀況太可怕的時候，也會有脆弱的感覺。我也很希望那種感覺是微妙的，但現在我只覺得很折磨，這有可能改變嗎？」

「我想是可以的。」

「妳可以給我一點功課之類的，讓我回家做嗎？我該去查一些資料嗎？」

「不必看資料，也沒有功課。這裡沒有作業或打分數。不要想太多，多去感受。」

「我能夠在不感覺到自己脆弱的狀況下，達到那種微妙的境界嗎？」

「不行。」

「喔，可惡！這眞是太好了。」

如果你從來沒讀過我的書，看過我的部落格，或在網路上意外爆紅的TED演講，我想先稍稍自我介紹一下。如果你剛剛看我提到治療師就已經不太自在，那就直接跳過這一章，先翻到附錄，看看我的研究流程。我這輩子一直在想辦法超越與克服脆弱的感覺，我們一家五代都是德州人，家族的座右銘是「上膛備戰」，所以我天生就討厭不確定和流露自己的感情。中學時代是多數人開始苦戰脆弱和自卑感的時候，但我卻開始培養和加強我逃避脆弱的技巧。

這些年來，我什麼方法都試過了，舉凡當個乖乖女、吸菸的詩人、憤怒的激進分子、上班族、失控的跑趴女孩等等。乍看之下，這些發展階段不見得能夠預期，但還算合理。不過，對我來說，它們的意義不僅於此。我的每個階段都是不同的盔甲，用來避免自己變得太投入其中、太脆弱。每個策略的前提都一樣：「**跟每個人保持安全距離，隨時都打算抽身**。」

除了害怕脆弱的感覺以外，我也遺傳了熱心和同理心的特質，所以快三十歲時，我離開AT&T的管理職位，找了一個端盤子和調酒的工作，重返校園深造，成了社工人員。我去找AT&T的老闆請辭時，永遠忘不了她的回應：「我猜，妳打算辭職去當社工，或是去ＭＴＶ台的重金屬節目《Headbanger's Ball》當主持人對吧？」

我就像很多對社工活動感興趣的人一樣，喜歡幫人和整個系統解決問題。但是，當我唸完社工學士學位，快拿到社工碩士學位時，我發現社工的目的不是在解

人類先天容易用無中生有的方式來定義事情，
談到情感體驗時更是如此

決問題，而是設身處地，積極投入。社工所做的，就是積極接觸模糊和不確定帶給人的不安，以設身處地的方式幫助人找到該走的方向。總歸來說就是兩個字：**麻煩**。

當我努力思考如何把社工這一行當成畢生志業時，指導教授的一句話吸引了我：「你無法測量的，就不存在。」他解釋，研究和其他課程不同，研究講求的是預測和控制。我一聽大樂，你是說我不必投入其中，整個職業生涯只要預測和控制資料也可以嗎？這下我找到志業了！

我從社工學士、碩士、博士學位中，學到最確定的一件事就是：人生在世，就是為了和彼此連結、產生歸屬感。我們天生就想要和別人建立關係，人際關係為我們的人生帶來目的與意義，少了人際關係，就只能受苦。我想開發一種研究來解析人際關係。

研究人際關係是個簡單的概念，但是不久，我找來的研究參與者轉移了我的研究方向。我請他們談談最重要的關係以及培養人際關係的經驗，他們卻老是講一些心碎、背叛、悔不當初的事情——擔心自己不夠資格建立真正的情感關係。人類先天容易用無中生有的方式來定義事情，談到情感體驗時更是如此。

於是，我就這樣意外成了自卑和同理心的研究專家，花了六年開發一個理論，說明什麼是自卑，自卑感是如何運作的，當我們覺得自己不夠好時（例如不值得獲得愛或歸屬感時），如何培養樂觀進取的韌性。二〇〇六年，我發現，除了瞭解自卑以外，我也必須了解另一面，那就是：「最容易擺脫自卑，對自己充滿信心的人——我稱這種人爲「全心投入的人（the Wholehearted）」。他們有什麼共通點？」我多麼希望這個問題的答案是：「這些人都是自卑研究專家。想當個全心投入的人，你必須很瞭解自卑。」但我錯了，我發現自卑只是達到全心投入狀態的一個變數。全心投入，是一種自信參與世界的方式。在《不完美的禮物》中，我爲全心投入的生活定義了十大「指標」，指出全心投入的人努力培養什麼，以及學習擺脫什麼：

1. 培養眞實自我：別管別人怎麼想
2. 培養自我包容：放棄完美主義
3. 培養韌性：擺脫麻痺和無力感
4. 培養感恩和喜樂：不再覺得自己少了什麼，不再恐懼黑暗
5. 培養直覺，相信信念：不要事事都要追根究柢
6. 培養創意：別再跟別人比較

全心投入，
是一種自信參與世界的方式

7.適時玩樂與休息：精疲力竭不是地位象徵，生產力也不代表自我價值
8.培養平靜安寧：棄絕焦慮的生活形態
9.培養有意義的工作：別再自我懷疑，沒有什麼是「非做不可」
10.培養唱歌、跳舞和歡笑：不要裝酷，過度矜持

我分析資料時，發現這十項裡，我只做到兩項，實在令人沮喪。那剛好發生在我四十一歲生日的前幾週，一舉揭發了我的中年危機。我這才明白，在這些議題上取得學術專家的頭銜，跟眞正全心投入地生活是兩碼事。

我在《不完美的禮物》中詳細寫到什麼叫「全心投入」，以及那次頓悟後的「崩潰心靈覺醒」。但這裡我想分享的是全心投入的定義，以及從資料中衍生的五大主題。那些主題促使我經歷了書中分享的自我突破，以下是後續章節的概要：

全心投入的生活是自信參與生活，亦即培養勇氣、包容和連結，讓你一早醒來心想：**不管我做了多少，還有多少沒做，我已經夠好了**。也讓你在睡前心想：**沒錯，我不完美又脆弱，有時也會恐懼，但是那不會改變「我很勇敢，也值得擁有愛與歸屬感」的事實**。

這個定義是以下面的基本理念作爲基礎：

1.愛與歸屬感是男女老幼不可或缺的需求，我們先天就想要和他人建立關係，人際關係爲我們的人生帶來目的與意義。少了愛、歸屬感和與他人的連結，就會導致痛苦。

2.如果把我訪問的人大略分成兩組：一組擁有強烈的愛與歸屬感，另一組則苦求不得。其實兩組的差別只有一個變數：那些感受到愛、付出愛，而有歸屬感的人，只是願意「去相信」他們值得擁有愛和歸屬感罷了。他們不見得過得更好，更愜意，不見得就不需要對抗成癮問題或憂鬱症，不見得就沒遭遇創傷、破產或離婚，但是當他們面對這些挑戰時，會想辦法讓自己覺得他們是值得被愛，值得有歸屬感，甚至是值得擁有快樂的。

3.「因爲我值得」的強烈信念不是憑空出現的，而是當瞭解我們接受那些「指引」，是出自自己的選擇，並且在經歷了日常生活中的落實之後，信念才逐漸培養出來。

4.全心投入的人，目標是過著由勇氣、包容、連結所定義的生活。

5.全心投入的人，把脆弱視爲勇氣、包容、連結的催化劑。事實上，願意展現自己的脆弱，是我見過每個全心投入的人都有的明顯特質，他們把一切（從專業成就、婚姻，到教養中最引以爲傲的時刻）歸因於勇於展現脆弱的力量。

願意展現自己的脆弱，
是每個全心投入的人都有的明顯特質

我在以前的著作中提過脆弱，事實上，我的博士論文裡有一整章都在談脆弱。從我最初研究開始，接納脆弱就是一個重要的領域，我也瞭解脆弱和其他情感的關係，但是在以前的著作中，我假設脆弱和自卑、歸屬感、自我價值等不同概念之間的關係只是巧合。後來我的研究愈來愈深入，十二年後，我才瞭解到脆弱在我們生活中扮演的角色。在有意義的人類經驗中，脆弱是核心、主體和關鍵。

這番新的體悟爲我自己帶來了一大困難：一方面，當你自己不願展現脆弱時，如何以誠摯、有意義的方式談論脆弱的重要？另一方面，當你願意展現脆弱時，如何能不犧牲研究者的立場？坦白講，我覺得研究者和學者只要一展現情感，事後就容易自責。早在受訓之初，我們就學到，冷靜保持距離及抽離情緒才能建立威信。如果你投入太多感情，可信度會遭到質疑。雖然被稱爲「學究」在多數情況下含有貶意，但是在學術的象牙塔裡，我們學到的是，把「學究」這個標籤當成盔甲穿戴在身上。

我如何能夠冒著展現脆弱的風險，分享我研究過程中那些不堪的故事，又不讓人覺得我根本是個怪咖？我的專業盔甲怎麼辦？

羅斯福呼籲公民「放膽」，而我的勇敢時刻是出現在二〇一〇年六月，那時我受邀到TEDxHouston演講。TED是非營利組織，探討科技、娛樂、設計等議題，致力宣揚「値得傳播的概念」，TEDxHouston是許多依照TED演講模式獨立舉辦的地區性活動之一。TED和TEDx的策展人邀請「世界上最有魅力的思想家和實踐家」登台，請他們在十八分鐘內暢所欲言。

TEDxHouston的策展人跟我認識的任何主辦單位都不一樣。一般的主辦單位邀請研究自卑和脆弱的學者時，通常會有點緊張，還會指定演講內容談些什麼。當我問TEDx的人要我談什麼時，他們回應：「我們很喜歡妳的研究，妳可以講任何妳覺得很棒的東西，講妳最擅長的事物，我們很榮幸能在場聆聽。」其實我也不確定他們爲何會決定讓我講我最擅長的事物，因爲在那場演講之前，我連我自己擅長什麼都不知道。

我喜歡他們給我自由，但也恨死了。這下子我又在兩個狀態之間舉棋不定：「接納自己的不安」或「縮回熟悉、可預期和可掌控的狀態」。我決定要豁出去，**坦白講，我眞的不知道我是豁到哪裡去**。

我決定勇敢豁出去不是因爲自信，而是因爲我對研究有信心。我知道我是優秀的研究者，我相信我從資料中得出的結論是對的、可靠的。脆弱這個主題，能帶我到我想去或需要去的地方，我也說服自己那沒什麼大不了的：「不就是休士頓嗎？都是鄉親嘛！最糟也不過就是那五百個觀衆，再加上幾個從網路上看直播的人會覺得我是瘋子罷了。」

演講完隔天早上，我醒來後，感覺到這輩子最嚴重的脆弱感襲來。你知道那種一早醒來本來覺得一切都好，但腦子裡突然閃過你向大家毫無保留、和盤托出的景象，讓你頓時很想挖個洞把自己埋起來的感覺嗎？「我到底做了什麼？那五百個人終於正式確定我是個瘋子，而且講得很爛，我還忘記講兩件重要的事，我真的在投影片上放了『崩潰』兩個字來強調我不應該講的事情嗎？我想我得去『跑路』了。」

但是我無處可逃，那場演講結束六個月後，我收到TEDxHouston的策展人來信道賀，他說我的演講即將榮登TED主站。我知道那是好事，是很多人夢寐以求的榮譽，但我嚇壞了。首先，我本來已經開始習慣「只有」五百人覺得我是瘋子。第二，在這個人人愛批評又憤世嫉俗的文化中，我一直覺得默默無聞的職業生涯比較讓人安心。如今回想起來，當初要是我知道這個談論「脆弱的力量」和「勇敢站出去」的影片會在網路上爆紅，讓我感到這麼不安又「脆弱」的話，我也不知道我會怎麼回應那封邀請我的電子郵件。

如今那段影片已經變成TED網站上最多人點閱的演講之一，點閱數突破五百萬次（編按：本書出版前已超過一千萬次），譯成三十八種語言，我自己從來沒看過，我很高興自己做了那場演講，但是要我看那個影片，我還是很毛。

在我看來，二〇一〇年是我的TEDxHouston演講年，二〇一一年則是我的身體力行年。我跑遍了美國各地，對形形色色的團體演講，包括財星五百大企業、領導教練、軍隊、律師、教養團體、學校等等。二〇一二年，我再次受邀到加州長灘的TED主場演講。對我來說，二〇一二年的演講，是我分享所有研究基礎與起始點的機會，我談到自卑（shame），以及如果我們眞的想要放膽展現脆弱的力量，應該如何瞭解與面對自卑（編按：一種害怕表達自我、怕丟臉、怕失敗、怕自己不夠好、怕不被認同的不安情緒）。

分享研究的經驗促使我寫了這本書。當我和出版社討論撰寫商業書和教養書的可能性，外加一本為教師寫的書籍時，我發現其實只要一本書就夠了，不管我去哪裡，對誰演講，核心議題都一樣：恐懼、疏離，還有渴望更多的勇氣。

我去企業演講時，焦點幾乎都是啓發他們領導或發揮創意與創新。企業裡的每個人，從「長字輩」的管理階級到前線的工作人員，對我提到的最重要問題，都是源自於抽離、缺乏意見反饋，還有擔心自己在瞬息萬變中遭到淘汰，以及釐清明確目標的必要性。如果想重新點燃創新和熱情，就需要讓工作變得人性化。當怕羞、怕丟臉變成一種管理風格時，參與的文化就消失了。當企業不准大家失敗時，也就甭提學習、創意和創新了。

如果想重新點燃創新和熱情，
就需要讓工作變得人性化

談到親子教養，把爸媽塑造成黑臉白臉的方式不僅普遍，也有害，那種教養方式充滿了地雷。家長該問的問題是：「你有投入嗎？你有付出關心嗎？」如果你的答案是肯定的，你要有心理準備，你會犯很多錯誤，做很多錯誤的決定。不完美的教養時刻對孩子來說是個大好機會，孩子可以看到我們發現他們哪裡做錯了，還有下次如何改進。重點在不堅持完美，也不堅持孩子一定要快樂。完美並不存在，我發現讓孩子快樂的事，不見得能讓他們長大以後變得更勇敢、更投入。學校也是一樣，我在學校聽到的問題，都跟父母、老師、行政、覺得事不關己的學生，還有某些意見不合的利害關係人之間，搶著要定義出一個單一目標有關。

我發現我的工作最難、也最有成就感的挑戰，是同時當個地圖製圖者和旅行者。我繪製有關自卑、全心投入、脆弱的地圖或理論，這些不是根據我個人的旅行經驗，而是根據過去十二年收集的資料——那是數千人開疆闢土的經驗，而這些經驗是我和許多人都想要走的人生方向。

多年來我學到，匆匆的旅者無法成為踏實自信的製圖者。我不時跌倒，遇到挫折，發現自己需要改道而行。即使我想依循著自己繪製的地圖行進，很多時候沮喪和自我懷疑還是讓我舉步維艱，促使我把地圖揉成一團，塞進廚房的垃圾桶。想從折磨人的情境走到微妙的境界並不容易，但是對我來說，每一步都很值得。

過去幾年，我一直對領導人、家長和教育工作者說，我們的共通點是一個事實，那也是本書的核心：**我們是誰，比我們懂什麼更重要**。活出自我，不只是認識自我，還需要站出去，讓大家都看見眞正的你，需要放膽展現脆弱的力量，勇於示弱。這個旅程的第一步是瞭解我們的處境，瞭解我們面對什麼困難，還有需要前往何方。我想，最好的方式是檢討一種普遍存在的現象：「永不知足」的文化。

第1章

永遠不夠：檢討「永不知足」的文化

經過十二年的研究，看到「永遠不夠」的心態打擊家庭、組織及社會，我覺得當中有個共通點：我們都不想擔心受怕，都想放膽展現脆弱的力量，受不了整個國家老是在談「我們該去擔心什麼？」還有「我們該追究誰的責任？」。我們都想要無憂無慮地過活。

「甩貓難免會打到自戀狂。」

好吧，那次演講不是我在台上最有說服力的時刻，我也無意冒犯任何人，但是當我激動或失落的時候，通常會脫口說出歷代德州人灌輸我的用語，於是甩貓、卡胃、快崩潰等字眼就一股腦兒地迸出來了。這種語言退化的現象通常發生在家裡，或是跟親朋好友說話的時候，但偶爾脾氣一來，那些話就脫口而出了。

我這輩子經常聽到、也常用「甩貓」這個說法，我沒想到會有上千名聽眾想像我抓起眞貓，亂打那些自我感覺良好的人。我收到很多觀眾來信表示，「虐待動物」和我想傳達的「脆弱」與「連結」等訊息不符，不過，在回信辯解時，我的確學到那說法和動物無關，那其實是英國海軍用來表示「船尾太狹窄，很難用九尾鞭（cat-o'-nine-tails）鞭打囚犯」的說法。我知道，那種講法也好不到哪去。

在這個例子中，我之所以脫口說出「甩貓」，是因爲觀眾裡有位女士大喊：「現在的孩子都覺得自己很特別，是什麼原因讓那麼多人變成自戀狂？」我的隨口回應聽起來像自作聰明：「是啊，甩貓難免會打到自戀狂。」但那其實是因爲我不太喜歡聽到大家濫用「自戀狂」這個詞。「臉書（Facebook）就是一個超自戀的東西，爲什麼會有人覺得自己做什麼事情有那麼重要？現在的小孩都是自戀狂，一下我怎

過去十年，自戀型人格障礙的人數多了一倍以上，
感覺整個世界正在急速崩壞

樣、一下我哪樣，永遠以自我為中心。我老闆也超自戀的，她覺得自己比任何人都還要優秀，老是貶低別人。」

外行人喜歡用「自戀狂」來泛指自以為是、白目無禮的行徑，研究人員和專業人士則是想測試這個概念到底可以延伸運用得多廣。最近有一群研究人員以電腦分析三十年來的流行歌曲，發現流行歌曲中「自戀」和「敵意」成分在統計上有顯著增加的趨勢。他們也發現，「我們」的使用減少了，「我」的使用增加了，這正好符合他們的假設。

研究人員指出，有關社交關係和正面情感的詞彙減少了，有關憤怒和孤僻行為的詞彙增加了，例如**恨**或**殺**。其中兩位研究人員珍・端吉（Jean Twenge）和凱斯・坎貝爾（Keith Campbell）合寫了《自戀症候群》（*The Narcissism Epidemic*）一書，他們指出，過去十年，美國自戀型人格障礙的人數多了一倍以上。

套句我祖母常說的話，感覺整個世界正在急速崩壞。

但是真的是這樣嗎？我們周遭都是自戀狂嗎？我們整個文化都是自以為是、裝模作樣的人，只在意權力、成就、美貌，還有與眾不同嗎？我們就算沒有真正貢獻或完成任何價值，還是自以為高人一等嗎？我們真的欠缺展現同情和體諒所需要的同理心嗎？

如果你跟我一樣，可能不由自主地抖了一下，心想：「沒錯，這就是問題所在啊，當然啦，不是說我有這個問題，但是大體來說……就是妳講的那樣！」

幫自己找到理由的感覺很好，尤其是那種讓自己感到優越之外，還可以**怪罪別人**的理由。事實上，每次我聽到有人說別人自戀時，那語氣中通常帶有輕蔑、憤怒、批判的意味。坦白講，我連現在寫這段文字時，都可以感受到那些情緒。

面對那種情況，我們第一個反應通常是貶低他們，戳破對方的大頭症。不管是老師、家長、執行長或鄰居，我聽到他們的反應都是：「這些自大狂需要知道他們一點也不特別，根本沒那麼優秀，沒資格拿翹。他們要知道根本沒人在乎他們。」（這只是「普級」說法）

但這當中弔詭、沮喪，或許還讓人有點心痛的是，自戀這個話題已經普遍到多數人把它和某些行為聯想在一起，包括浮誇、渴望被崇拜，和缺乏同理心等等。但幾乎沒人知道，不同程度的自大及自戀其實是自卑造成的。也就是說，即使我們戳破對方的自尊，讓他們知道自己的不足和渺小，那還是沒辦法「改正」問題。自卑比較可能是造成那些行為的因素，而不是解決問題的方法。

從脆弱的角度觀察自戀時，
我看到「害怕淪為平庸的自卑」

從脆弱的角度，解析那些自以為是的人

當某個人的問題是後天環境造成，而不是遺傳或先天的問題時，你去診斷他的病症或是給他貼上標籤，往往更不容易治癒或改變他。當我們遇到普遍存在的症狀時，除非是傳染性的疾病，否則那比較可能是環境造成的，而非先天的問題。「太慘了，我本來就是這樣。」把問題歸結到先天問題，而非出自個人選擇，彷彿讓大家都解套了。我深信每個人都應該爲自己的行爲負責，所以這裡我不談「先天不良」，而是要找出根本原因來解決問題。

找出行爲模式並瞭解那些模式的意義，通常很有幫助，但是那和診斷病症是截然不同的，而且研究也顯示，診斷法往往會加深自卑，讓人更不想尋求幫助。

我們必須瞭解這些趨勢和影響，但我覺得從「脆弱」的角度觀察行爲模式會更有幫助，很多例子甚至有轉型的效果。例如，當我從脆弱的角度觀察自戀時，我看到**害怕淪爲平庸的自卑**。我看到有人擔心自己沒有存在感、無法受歡迎、缺乏歸屬感、缺乏使命感，原因是因爲自己不夠特別。這時只要把問題人性化就能讓對方明白問題所在，但是一旦你對他貼上汙名化的標籤，問題就難解了。

這種自戀的新定義往往可以釐清問題，揭開問題的根源，並提供可能的解決方

法。我完全可以瞭解爲什麼很多人難以相信自己已經夠好了。我們隨處可見的文化訊息，鼓吹著平凡人生是毫無意義的人生。我也可以了解從小在眞人實境秀、演藝圈文化、社交媒體中長大的孩子，可能會吸收這種訊息，而衍生偏差的世界觀——**我在臉書或Instagram上得到多少人按「讚」，就代表我這個人有多少價值。**

由於我們都很容易受到這類訊息的影響，當改由「脆弱」的角度看事情時，可以撇開「我，還有那些自戀狂」的二分法。我們都想去相信自己做的事情很重要，我也知道那種動機很容易和「想讓自己與眾不同」的動力混爲一談。我知道我們很容易拿演藝圈文化來衡量自己的渺小，我也瞭解自大、自以爲是、想被崇拜的感覺，正適合拿來撫慰自己太平庸與微不足道的痛苦。沒錯，這些自大的想法和行爲最終都會造成更多的痛苦，讓人與人之間更加疏離，但是當我們感覺到受傷，當愛與歸屬感還搖擺不定、無法平衡自己時，我們只能伸手抓住那個最能保護自己的東西。

有些情況下，如果我們想找出正確的治療方式，診斷問題根源可能是必要的。但我發現，當我們也從脆弱的角度檢視問題時，對每個人都有好處。當我們思考以下問題時，總是可以學到一些東西：

是「永不知足」的文化，
導致到處都是自以為是的人

1. 我們的文化傳達什麼訊息和期待？文化對我們的行爲有什麼影響？
2. 我們的痛苦與行爲和我們保護自己的方式有何關連？
3. 我們的行爲、想法、情感和脆弱有什麼關係？和我們亟欲受到肯定有什麼關係？

如果我們回到前面的問題「我們周遭的人是否都有自戀型人格障礙？」，我的回答是「不」。目前有強大的文化因素影響我們，我想，害怕自己流於平庸是其一，但我覺得還有更深層的因素。爲了找出根源，我們必須先撇開謾罵與汙名化。

我們已經從脆弱的角度細探了幾種行爲，但是如果我們把鏡頭拉遠，視野又不同了。我們不會忽略剛剛討論的問題，而是把它們視爲更大面向的一部分，這讓我們精確找出影響當代文化最強大的因素——是「環境」導致我們覺得到處都是自戀狂和自以爲是的人。這也讓我們更能全面瞭解那些想法、行爲和情緒，正在逐漸改變我們生活、愛、工作、領導、教養、管理、教學、互動的方式。而上述所謂的「環境」，就是我們「永不知足」的文化。

永不知足的問題出在「永遠不夠」

我的工作有個重點，就是找出能精確代表研究資料的描述，而且那些用語和描述必須和研究的參與者產生深度的共鳴。當大家看起來假裝聽懂了，或是用「喔」或「聽起來很有趣」來回應我的術語和定義時，我就知道那個描述不太對。當大家刻意看往別處，迅速掩面，或是以「糟糕」、「閉嘴」或「不要再說了」回應我時，我馬上就知道我應該抓對了什麼。當中最常是參與者聽或看到以「永遠不夠」這個關鍵詞造的句。大家通常只需要幾秒，就能造出許多句子。

- 永遠不夠好
- 永遠不夠完美
- 永遠不夠瘦
- 永遠不夠強
- 永遠不夠成功
- 永遠不夠聰明
- 永遠不夠確定

- 永遠不夠放心
- 永遠不滿足

我們之所以感到不滿足，是因爲我們就活在不滿足的世界裡。

全球行動主義者兼募款家琳恩．崔斯特（Lynne Twist）是我最喜歡的作家之一，她擅長談的是「匱乏」這個議題，她在著作《金錢的靈魂》（*The Soul of Money*）當中指出匱乏是個「漫天大謊」，她寫道：

> 對我和很多人來說，我們每天醒來的第一個念頭是「睡不夠」，接著是「時間不夠」。無論那是不是眞的，我們在還沒想到要去質疑或檢視其眞假之前，腦中就已經自動浮現「不夠」的念頭。我們把大多數的時間花在聆聽、解釋、抱怨或擔心自己哪裡不夠……我們還沒起床，腳還沒踏上地板，就已經覺得自己不夠、落後、失去或少了什麼。晚上就寢時，腦子還在想一堆當天我們沒有得到或者沒有完成的事物。我們抱著那些想法入睡，醒來時又滿腦子想著自己欠缺什麼……這種匱乏的狀態和思維就存在我們的嫉妒、貪婪、偏頗，還有我們對生活不滿的核心之中……（43-45）。

匱乏（Scarcity）是「不足」的問題。Scarce這個字來自古諾曼法語scars，意指「數量有限」（約西元1300年）。在特別注重「不夠」的文化裡，匱乏感會非常強烈。因爲，從安全感到愛，從金錢到資源，大家都覺得數量有限，覺得自己欠缺。因此我們花大量的時間計算我們擁有什麼、想要什麼、沒有什麼，還有別人擁有什麼、需要什麼、想要什麼。

這種永不間斷的評估和比較令人沮喪，因爲我們常拿自己的生活、婚姻、家庭、人際關係和大衆媒體塑造的完美版本做比較，或是拿個人現況去比較我們自己幫別人虛構的美好假象。「懷舊」，也是一種危險的比較形式。試想，我們多常拿自己的現況去比較過往，那個被念舊拼湊到完全不曾存在的過往：「記得當年嗎？那個年代……」

永不知足的原因

匱乏感席捲文化不是突發的現象，但是在容易感到自卑的文化中，大家會習慣相互比較，再加上情感疏離導致關係破裂，使大衆「覺得自己不夠」的匱乏感特別強烈。（所謂容易自卑的文化，並非指我們對集體的身分感到自卑，而是指很多人

在特別注重「不夠」的文化裡，
匱乏感會非常強烈

為了個人價值而掙扎，而形成一種文化。）

過去十年，我目睹美國的時代精神出現重大的變化。我在資料中看到了變化，也在我遇見、訪問、對談的人臉上看到了。活在這世上從來不是一件容易的事，但是過去十年對許多人來說衝擊太大，改變了我們的文化。從九一一恐怖攻擊事件、多起戰爭、經濟蕭條、重大天災，到暴力事件與學校槍擊案件頻傳，這些事件摧毀了我們的安全感，即使我們不是直接參與其中，也深深感受到重創。如果再提及目前失業，還有高學歷低就業的驚人數字。我想，我們每個人都受到直接的影響，或者認識直接受到影響的人。

處處擔心「不夠」，是我們文化的創傷後壓力症候群，那會發生在我們經歷太多事情的時候，但我們並未因此團結起來療癒傷痛（因為那需要接納彼此的脆弱），反而採取憤怒、恐懼，與相互為敵。不只大環境的文化惡化，我發現家庭文化、職場文化、學校文化、社群文化也出現同樣的動態，它們都有同樣的**自卑**、**比較**、**抽離**的問題。匱乏感在這種情況下冒出頭，持續累積，直到一群人開始做出不同的選擇，重新塑造他們所屬的小眾文化。

想要思考產生自我匱乏感的三個要素，以及它們影響文化的方式，一種方法是思索以下問題。當你閱讀這些問題時，可以想想你所屬的任何文化或社會體系，例如校園、家庭、社群或工作團隊：

1. **自卑**

你所處的環境，會利用大家怕被嘲笑、怕被看不起的恐懼來管理或掌控大家嗎？個人價值是否和成就、生產力、遵守規定有關？怪罪和指責是常態嗎？奚落和辱罵很常見嗎？有偏袒現象嗎？目標是追求完美嗎？

2. **比較**

適度的競爭是有益的，但你所處的環境會經常出現表面或背地裡的比較與排名嗎？創意是否受到壓抑？會以狹隘的標準衡量每個人，而不肯定個人獨特的天賦和貢獻嗎？會以某種特定的理想形式來衡量每個人的價值嗎？

3. **抽離**

大家會害怕冒險或嘗試新事物嗎？與其分享自己的故事、經驗和想法，保持沉默反倒落得輕鬆嗎？你會覺得根本沒人眞正關心你或聽你說話嗎？每個人是否都苦無發揮的機會，意見無法被看到或聽到？

我看這些問題時，想到我們的大衆文化、媒體、社經政治的現況，而我的答案全部都是「是」。

當我思考家人在這些問題中的情況時，我知道這些正是我和先生每天努力克服的問題。我用「**克服**」兩個字是因爲，要在匱乏感驅動的文化中培養關係、養育家庭、塑造組織文化、經營學校，或培養社群，每天都需要警覺、投入和努力。大環境的文化始終對我們施加壓力，除非我們自己有意願反抗，爲我們相信的事物奮鬥，否則文化的預設狀況就是讓個人充滿匱乏感。每次我們做出選擇，去質疑社會「不夠」氛圍時，就是在放膽展現脆弱的力量。

想要消除匱乏的感覺，對策不是追求充裕。事實上，我覺得充裕和匱乏是一體的兩面，「不夠」的相反不是「給你很多」或「給你多更多」。匱乏的相反是自足與知足，或者說，是我所謂的「全心投入」。正如我在前言所說，全心投入有多種面向，但核心都來自自我的脆弱和自我價值：在面對不確定性、風險和情緒衝擊時，知道自己已經夠好了。

匱乏的相反是「全心投入」，
是知道自己已經夠好了

如果你回頭看前頁那三組有關匱乏感的問題，自問你在這些價值定義的情境中，是否願意展示自己的脆弱或放膽去表達自己，多數人都會大聲說「不」。如果你自問這些情況是否有助於培養自我價值，答案仍舊會是「不」。**匱乏文化的最大傷害，是讓我們覺得自己不夠好，而不願接納自己的脆弱和不安，失去自信參與世**

界的能力。

經過十二年的研究，看到「永遠不夠」的心態打擊家庭、組織及社會，我覺得當中有個共通點：我們都不想擔心受怕，都想放膽展現脆弱的力量，受不了整個國家老是在談「我們該去擔心什麼？」還有「我們該追究誰的責任？」

脆弱助長了匱乏感，在下一章，我們會討論那些脆弱的迷思，以及如何從「站出去，讓大家都看見眞正的你」開始培養勇氣。

第2章

破解脆弱的迷思

沒錯，當我們脆弱時，完全無所遁形。沒錯，沒把握所帶來的不安全感，對我們來說猶如酷刑。沒錯，當我們展現脆弱的一面，是冒著很大的情感風險。但是冒險、克服不安、真情流露，絕對不是軟弱。

迷思一：「脆弱等於軟弱。」

「脆弱等於軟弱」的觀點是大家對脆弱最常抱持的迷思，也是最危險的迷思。當我們自己費盡心力迴避脆弱和過分情緒化，對方卻無法或不想掩飾情緒，一看到對方忍不住又把持不住，我們就會反過頭鄙視對方無能。我們不但不能尊重與敬佩對方展現脆弱的勇氣，反而讓我們的恐懼和不安變成了一種批判。

脆弱無所謂好壞，不是我們所謂的黑暗情緒，也不一定是輕鬆、正面的經驗。脆弱是所有情緒和情感的核心。去感受，就是展現脆弱。認爲脆弱就是軟弱，等於是把感受也視爲軟弱。因爲害怕代價太高而不去感受，等於主動放棄讓人生更有目的和意義的事物。

我們拒絕展現脆弱，往往是因爲我們把脆弱和害怕、自卑、悲傷、難過、失望等黑暗情緒聯想在一起，我們不想討論那些情緒，即便它們深刻影響我們的生活、感情、工作，甚至領導的方式。多數人不解的是，我們所渴望的情緒和經驗，其實就來自脆弱的感受。我是在研究十年後才瞭解到這點。脆弱是愛、歸屬感、喜悅、勇氣、同理心、創意的發源，也是希望、同情、責任感和眞實自我的起源。如果我們想要有明確的目的，或是更深刻、更有意義的靈性生活，脆弱是幫助我們達成的

脆弱是所有情緒和情感的核心，
去感受，就是展現脆弱

途徑。

我知道這可能令人難以相信，尤其當我們這輩子一直以爲脆弱和軟弱是同義詞時，更是覺得難以置信。但那是千眞萬確的。**我給脆弱的定義是：一種不確定、沒把握，又冒險的感覺，同時也是一種情緒衝擊。**知道這個定義後，我們來想想「愛」這件事。每天醒來，我們愛著可能愛或不愛我們的人，我們無法確保我們愛的人的安全，他們可能留在我們生命中，或者一聲不響就離開；他們可能至死不渝地愛著我們，也可能轉身就背叛——這一切，都讓我們脆弱。愛，是不確定的，是無可計量的冒險，愛著一個人，讓我們的情感無所遁形。沒錯，那很可怕。沒錯，我們一旦毫無保留，就容易受傷，但你能想像自己終其一生沒有愛過，也未曾被愛的感覺嗎？

想公開我們的藝術創作、寫作、攝影或想法，但不確定會不會有人接納或欣賞——那種感覺也是脆弱。想讓自己沉浸在生命的喜樂中，即使我們知道喜樂註定是短暫，即使全世界都告訴我們樂極會生悲——那更是一種極端的脆弱。

問題是，就像前面說的，我們開始把**感受**視爲軟弱。那是很危險的。除了憤怒以外（那是次要的情感，我們的社會價值觀接受人們以憤怒來掩飾許多較爲痛苦的情緒），我們開始無法忍受情緒，連帶也無法忍受脆弱。

當我們發現自己把**感受**和**失敗**混為一談，讓**情感**和**負債**混淆不清，就難怪我們會把脆弱視作軟弱。如果我們想重新找回生活中的必要情感，重新點燃熱情和使命感，就必須學習如何擁抱與投入自我的脆弱，如何去感受脆弱中所衍生的情感。對有些人來說，那是新的學習；對另一些人來說，那是重新學習。無論是哪一種情況，我從研究中學到，最好的起點是定義、認識與瞭解脆弱。

為了讓脆弱的定義產生共鳴，我通常會請大家用「脆弱是……？」來造句。以下是一些人的回答：

- 提出不受歡迎的意見
- 挺身為自己辯解
- 開口求別人幫忙
- 勇敢說「不」
- 創業
- 替我三十七歲、乳癌末期的太太決定遺囑
- 向太太求歡
- 向先生求歡

如果想重新點燃熱情和使命感，
就必須學習如何擁抱脆弱

- 當兒子告訴我他很想當上樂團的首席，我鼓勵他，就算我明知可能無法達成
- 鼓起勇氣打電話給剛經歷喪子之痛的朋友
- 決定送母親去療養院
- 離婚後第一次約會
- 先說出「我愛你」，但不知道對方是否也一樣愛我
- 宣傳自己的新書或藝術創作
- 得到升遷，但不知道自己能不能勝任
- 被革職
- 陷入愛情
- 嘗試新鮮事
- 帶新交往的男朋友回家見爸媽
- 流產三次之後再次懷孕
- 等待癌症切片檢查的結果
- 主動關心經歷離婚之痛的兒子
- 在大庭廣眾下運動，尤其是不知道自己在做什麼，身材又不好的時候
- 承認自己害怕

- 連續失敗之後再次接受挑戰
- 告訴執行長我們下個月發不出薪水
- 資遣員工
- 推出產品卻毫無迴響
- 別人批評或亂傳八卦的時候，站出來爲自己和朋友辯護
- 擔負責任
- 請求原諒
- 相信自己的信念

這些聽起來像軟弱嗎？站出來支持身陷困境的人是軟弱嗎？擔負責任是軟弱嗎？連續失敗後再次接受挑戰是軟弱嗎？**不，接納脆弱聽起來像眞理，感覺像勇氣。**眞理與勇氣不見得讓人心安，但絕對不是軟弱。

沒錯，當我們脆弱時，完全無所遁形。沒錯，沒把握所帶來的不安全感，對我們來說猶如酷刑。沒錯，當我們展現脆弱的一面，是冒著很大的情感風險。但是冒險、克服不安、眞情流露，絕對不是軟弱。

當我們的問題是「脆弱，是什麼感覺？」，答案也一樣強而有力：

真理與勇氣不見得讓人心安，
但絕對不是軟弱

- 是摘下所有面具和設防之後，希望眞正的自我不會太令人失望
- 是不再忍氣吞聲
- 是勇氣和恐懼的交界
- 就像走到高空繩索的中間，進退兩難
- 手心出汗，心跳飛快
- 可怕但興奮的感覺，滿懷恐懼的同時也充滿希望
- 就像精神病患脫掉束縛衣一樣
- 是豁出去，冒險一搏
- 是對最害怕的事情跨出第一步
- 像把自己全押上了
- 感覺難堪又恐佈，但又覺得好像重新活了一遍
- 如鯁在喉，好像心有千千結
- 好像雲霄飛車到最頂點要往下衝的那個恐怖時刻
- 是自由和解放
- 每次的感覺都像恐懼
- 伴隨著驚慌、焦慮、恐懼和歇斯底里，接著感覺自由、驕傲、驚喜，然後又

有點恐慌

- 好像在敵人面前自曝其短
- 嚇得半死卻又非做不可
- 當我覺得自己需要先下手爲強的時候，我知道那就是脆弱的感覺
- 感覺像自由落體
- 感覺像聽到槍聲和確定自己是否中彈之間的時間
- 是放手、放棄掌控

在大家的回應中，最常出現的回答是：**感覺自己赤裸裸的，像是一絲不掛**。

- 脆弱，就像在台上一絲不掛，而且希望自己獲得的是掌聲，而不是哄堂大笑
- 就像大家都全副武裝，只有你一絲不掛
- 感覺像個裸體的惡夢：你趕去機場，卻發現自己一絲不掛

討論脆弱時，看一下vulnerable（脆弱）這個字的定義和字源很有幫助。根據韋氏字典，vulnerability這個字是源自於拉丁字vulnerare，意指「傷害」。vulnerability

當我們不知道自己哪裡有多脆弱時，
就更容易受傷

的定義包括「可能受傷」和「易受攻擊或傷害」。而韋氏字典定義weakness（軟弱）是「無法承受攻擊或傷害」。光是從語言學家的角度來看，兩者顯然是非常不同的概念，我們可以說軟弱往往是源自缺乏脆弱的力量。當我們不知道自己哪裡有多脆弱時，就更容易受傷。

心理學和社會心理學提出很有說服力的證據，證明承認脆弱的重要。從健康心理學的領域來看，承認脆弱（亦即承認我們面對的風險），大幅提升了我們維持某種健康習慣的機率。爲了讓病患乖乖地遵照醫囑，必須讓他們先承認脆弱。有趣的是，當我們面對某種病症或威脅時，重點不在於實際上有多脆弱，而是，**承認**自己有多脆弱。

在社會心理學的領域，研究影響力與說服力的人員，專門研究大家受廣告與行銷的影響程度，他們做了一連串有關脆弱的研究，結果發現，覺得自己不容易被不實廣告影響的參試者，反而最容易被騙。研究人員的解釋說明了一切：「**以爲自己絲毫不受影響，並非有效的防禦之道，那樣反而破壞了眞正保護我們的反應。**」

在我的職業生涯中，讓我最焦慮的經驗，莫過於前言提過那場在長灘舉行的TED演講。我必須在一群極其成功又抱著高度期待的專業人士面前，做十八分鐘的演講，並錄影起來。那已經夠令人緊張了，而且我還是整場大會最後壓軸的演講者。在那之前，我自己在台下聽了三天，有些演講是我聽過最特別、最振奮人心的演說。

每聽完一場演講，我在台下的身子又縮得更低了。我發現，如果我的演講要有效果，就不能模仿別人，我必須和觀眾產生共鳴。我急切地想找一場演講當成模仿的樣版，但是和我最有共鳴的演講都沒有特定的模式，他們就只是眞情流露而已。這表示我必須展現眞實的自我，必須展現脆弱，敞開心胸。我需要脫稿演出，正眼看著觀眾，和大家裸裎相見。喔，天啊……我討厭那種一絲不掛的感覺。我常做一絲不掛的惡夢。

最後輪到我上場時，我走上台後的第一件事，就是和觀眾席裡的幾個人目光交流。我請舞台總監把觀眾席的燈光打亮一點，讓我可以看到觀眾，我需要感受到共鳴。把現場觀眾當成個人看待，而不是「觀眾」，那提醒我一點：令我害怕的挑戰（那種一絲不掛的感覺），其實其他人也一樣害怕。我想，那也是爲什麼同理心的傳達無須言語——你只需要直視對方的雙眼，看到他們眼中反射出自己全力以赴的樣子就夠了。

我演講時，問觀眾兩個問題，那兩個問題正好突顯出脆弱的定義有許多矛盾。

我們喜歡看別人展現真實，
但我們卻害怕別人看到真實的自己

首先我問：「你們之中有多少人覺得脆弱就是軟弱，所以難以接受脆弱？」現場很多人舉手。接著我問：「當你看到台上的人展現脆弱時，你們有多少人覺得那很勇敢？」現場還是有很多舉手。

我們喜歡看到別人展現眞實和坦然，但我們卻害怕別人看到我們的眞實與坦然。我們擔心眞實的自己不夠好，擔心我們展現出的自己太陽春、太粗略，無法令人印象深刻。我害怕走上那座舞台，讓觀眾看到我在家裡眞實的樣子，因爲現場觀眾都是太重要、太成功的知名人士，而眞實的我則太混亂、太不完美、太不按牌理出牌了。

那種內心掙扎的根本核心是：

我想體會對方的脆弱，但我自己不想展現脆弱。

脆弱是感覺到對方的強勢，而自己卻是弱勢的一方。

對方的脆弱吸引我，但自身的脆弱則令自己反感。

我走上台時，把思緒集中在我先生史蒂夫（在觀眾席裡）、德州家鄉的姊妹、以及從TEDActive看現場直播的一些朋友上。我也從TED意外學到的經驗中汲取

勇氣——一個有關失敗的啓示。那三天我和史蒂夫在會場上遇到很多人，他們大多很開誠布公地談論失敗，每次有人談到他們的工作或熱情時，不免都會提到兩三次失敗的創業或發明經驗。我聽了他們的分享，深受感動與啓發。

我在舞台邊等候上場時，深呼吸，背誦我的脆弱祈禱文：**請給我勇氣，站出去，讓大家都看見眞正的我**。接著，在主持人介紹我之前，我想到書桌上的書鎭上寫著：「如果你知道你不會失敗，你會做什麼？」我把那個問題拋到腦後，挪出空間放新的問題。我走上台時，低聲默唸：「就算會失敗，還有什麼是值得我去做的？」

坦白講，我眞的不太記得那天我說了什麼，但是我講完時，嚴重的脆弱感又**再次**浮現了。冒那種險值得嗎？當然值得。我對我的研究充滿熱情，深信我從研究參與者身上學到的東西。我相信誠實地討論脆弱和自卑可以改變世界。我在TED的兩次演講都有缺點，都不完美，但我依舊站上競技場，全力以赴。「站出去」的意願改變了我們，讓我們每次都變得更勇敢一些。我也不確定大家是如何衡量演講的成敗，但我講完時，知道即使我搞砸了或受到批評，那樣做都是值得的。

李歐納·科恩（Leonard Cohen）在〈哈利路亞〉（Hallelujah）一曲中寫道：「愛，不是一場勝利的遊行，愛是冷酷的，是破碎的哈利路亞。」愛，是一種脆弱的形式，如果你把那句歌詞裡的**愛**替換成**脆弱**，歌詞也一樣眞切。從鼓起勇氣關心遭逢劇變的朋友，到自己創業；從感到害怕，到體驗解放，脆弱都是一種對生命的放膽挑戰。那就像是生命在問你：「你要全梭了嗎？你能夠把自己的脆弱看得跟別人的脆弱一樣重要嗎？」回答「是」，並不是軟弱，而是莫大的勇氣，是放膽展現脆弱的力量。放膽的結果往往不是勝利的遊行，而是靜謐的自由，還夾雜著一點奮鬥的疲憊。

迷思二：「我不展現脆弱。」

「小時候的我們心想，等到長大，我們就不會再感到脆弱了。但是成長本身就是接納脆弱的過程，生命本身就是脆弱的。」

——麥德琳・蘭歌（Madeleine L'Engle）

你剛剛看到的定義和例子，讓第二個迷思破解起來容易多了。我不知道聽過多少人對我說：「妳講的議題很有趣，但是我不展現自己的脆弱。」之後他們往往會以性別或專業爲由附帶說明，「我是工程師，我們討厭脆弱的東西」、「我是律師，我們專門粉碎脆弱」、「男人不展現脆弱」。相信我，我懂，我不是男人，也不是工程師或律師，但我自己也說過同樣的話上百遍了。可惜的是，你無法選擇逃避脆弱，我們無法排除日常生活中那些不確定、冒險或情緒衝擊。人生本來就是脆弱的。

回頭看前面有關脆弱的例子，那些是來自生活的挑戰、人際關係的挑戰、情感連結的挑戰。即使我們選擇不和人有任何關係，切斷一切聯繫以求自保，我們依舊活著，脆弱的感受還是會出現。當我們抱持「我不展現脆弱」的信念時，自問以下的問題很有幫助。如果我們眞的不知道答案，可以勇敢地問我們親近的人，他們可能會有答案（即便是我們不想聽的答案）：

1.「當我覺得自己情緒化時，我會怎麼做？」
2.「當我感到非常不安又沒把握時，我會有什麼行爲？」
3.「我在情感上冒險的意願有多高？」

在我做這個研究以前，我的老實回答是：

1.害怕，生氣，批判，控制，追求完美，試圖確定狀況。

2.害怕，生氣，批判，控制，追求完美，試圖確定狀況。

3.在工作上中，如果可以訴諸批評、批判、責怪別人或自慚形穢等情緒，我不會用眞實情感去冒險。而對我愛的人冒這種情感風險時，我總是擔心會有壞事發生。（這種行爲非常掃興，我們將在「防衛脆弱的武器」那章深入探討）。

回答這些問題很有幫助，因爲你可以從我的回答中看出，不管我們願不願意展現自己的脆弱，**脆弱都會找上我們**。當我們假裝自己能夠迴避脆弱，我們的行爲往往和我們對自身的期待背道而馳。我們勢必會體驗到脆弱，那由不得我們選擇，我們唯一能選擇的是，當我們面對不確定、冒險和情緒衝擊時要如何因應。我非常喜歡匆促樂團（Rush），這裡引用他們的歌曲〈自由意志〉（Freewill）似乎再貼切不過了：「不做決定也是一種決定。」

迷思二：脆弱就是毫無保留

我常接到一種問題，內容是關於我們「毫無保留」的文化。「我們是不是展現太多脆弱了？不會有『過度分享』的問題嗎？」大家問完這些問題後，免不了會舉演藝圈文化爲例。「某個電影明星在推特（Twitter）上發文說她先生意圖自殺，眞人實境秀的電視明星跟大家分享自己及孩子生活的私密細節，這不會太誇張嗎？」

脆弱是以相互關係爲基礎，需要設限與信任，而不是過度分享，不是一股腦兒地傾吐，不是不分青紅皀白地和盤托出，也不是演藝圈那種社交媒體式的資訊大放送。脆弱，是和有資格聆聽的人分享感受和經驗。脆弱和敞開胸懷是互相的，是培養信賴過程中重要的部分。

我們每次冒險去分享自我以前，不見得都有保障，但是初識某人時，我們總不會對他掏心掏肺，總不會脫口就說：「嗨，我叫布芮尼，我跟你說我內心最黑暗的掙扎是……」那不叫脆弱，而是自暴自棄或舔傷取暖，甚至只是在尋求關注，而不是眞正的脆弱。爲什麼？所謂恰當、有限度的分享，是指和我們已經培養深厚關係的人分享，他們能和我們一起分擔壓力。這樣相互尊重地展現脆弱，可增加彼此間的連結、信任和投入。

毫無設限的脆弱會導致疏離與不信任，事實上，我們會在第四章談到，「盡情宣洩」或「強力放送」其實是我們迴避脆弱的方式，「過度揭露」更不是「太脆弱」的問題。當我們從**勇敢示弱**變成**利用脆弱**來因應未滿足的需求、嘩衆取寵，或動不

脆弱，是和有資格聆聽的人分享感受和經驗，是培養信賴過程中重要的部分

動就做出令人震驚的行爲時，脆弱已經失去了意義。

脆弱不是把祕密全部攤出來和大家分享。爲了更有效地破解這個迷思，我們來看看「信任」這個議題。

當我和團體談到脆弱的重要時，大家總是會問到信任之必要：

「我怎麼知道誰值得信賴，可以讓我放心展現脆弱的一面？」

「我只有在確定對方不會反過來攻擊我的時候，才可能展現我的脆弱。」

「你怎麼判斷誰是支持你的？」

「如何和人培養信任？」

幸好我們可以從資料中找到答案。可惜的是，這是個先有雞、還是先有蛋的問題：我們需要信任，才能展現脆弱；但我們也需要脆弱，才能培養信任。

沒有任何信任測試、評分系統、安全信號可以告訴我們，站出去展現自己是安全的。研究的參與者描述信任是個緩慢培養的過程，是長時間層層累積的。在我家，我們把信任稱爲「彈珠罐」。

我女兒艾倫念國小三年級時，遇到人生的第一次背叛。在很多小學裡，升上三年級是一大轉變，他們不再和低年級生玩在一起，而是開始和中、高年級的學生相處。某天下課，艾倫私下向班上一位朋友透露稍早之前遇到的糗事。到午餐時，班上女生都知道她的祕密了，讓她相當難堪。那是一次重要的教訓，也是痛苦的教訓，因爲在那之前，她從來沒想過有人會背叛她。

她回到家，哭著告訴我，她以後再也不告訴任何人任何事了，她覺得很受傷。我聽她訴說時，爲她感到難過。更糟的是，艾倫告訴我，回教室後，班上一些女同學還在笑她，老師見狀只好把她們分開，並從罐子裡拿出一些彈珠。

艾倫的老師有一個很大的透明罐，她和學生都稱之爲「彈珠罐」，她在罐子旁邊擺了一袋彩色的彈珠，當全班團結在一起，她就會把幾顆彈珠放進罐子裡。當班上同學調皮搗蛋，不守規矩或不聽話時，老師就從罐子裡拿出一些彈珠。當罐子裡裝滿彈珠時，全班就可以開一場慶祝派對。

我雖然很想把艾倫擁入懷裡，輕聲對她說：「不要再跟那些女生講任何事情是對的！這樣一來她們就不會再傷害我們妳了。」但我把恐懼和憤怒先擱在一旁，開始思考如何跟她談論信任和連結。當我思索該用什麼正確方式傳達我對信任的經驗，以及我從研究中學到哪些信任的知識時，我心想，**啊，彈珠罐，這例子剛剛好！**

我叫艾倫把友誼想成彈珠罐，每次有人挺妳、對妳好、聲援妳，或珍惜妳分享的祕密時，就把彈珠放入罐子中。有人對妳不好、對你沒禮貌或洩露妳的祕密時，就把彈珠拿出來。當我問艾倫覺得這個方式有沒有道理時，她開心地點頭說：「我有彈珠朋友！我有彈珠朋友！」

我問她是誰時，她提到四位永遠可以信賴的朋友，她們知道她的祕密，從來不會洩漏出去，她們也告訴她一些自己的祕密。她說：「即使比較受歡迎的同學找她們同桌，她們還是會叫我跟她們坐在一起。」

那是一次很棒的母女交流。我問她，那些朋友是如何變成彈珠朋友的，她想了一下，回應道：「我不確定耶，妳的彈珠朋友又是怎麼來的？」我們各自想了一下，接著開始說出我們各自的答案，她的某些回答如下：

他們會幫我保密。

他們也會跟我講祕密。

他們記得我的生日！

他們知道我的爺爺和奶奶是誰。

有什麼好玩的，他們一定會找我加入。

他們知道我爲什麼難過，會問我原因。

我生病請假時，他們會請媽媽打電話來問我怎麼了。

至於我的答案呢？一模一樣（只不過我不是選爺爺奶奶，而是選我母親狄安和繼父大衛）。我母親去參加艾倫或查理的學校活動時，我只要聽到朋友說：「嗨，狄安！很高興又見面了！」我總是會很開心，心想：「她記得我媽的名字，她是真的在乎，是有心記下來的。」

信任就像彈珠一樣，是逐一累積的。

培養信任的一開始，需要先投注心血，此時就會出現雞生蛋、蛋生雞的兩難問題。不過老師並沒有說：「等我確定全班能一起做出正確選擇時，我才去買罐子和彈珠。」那個罐子從第一天上課就已經存在了。事實上，第一天上課結束時，玻璃罐裡已經放了一層彈珠。小朋友也不會說：「我們不相信老師眞的會把彈珠放進罐子裡，所以我們才不要團結在一起。」他們依照老師的規定，積極參與彈珠罐的概念。

在談論人際關係的領域裡，約翰．高特曼（John Gottman）是我最喜歡的學者之一。他是美國首屆一指的婚姻關係研究家，在培養人際關係方面有開創性的研

信任培養在微妙的片刻，和另一半的互動中，
可能出現「一拍即合」或「置之不理」的關鍵交錯

究，廣受好評。他的著作《信任的科學》（*The Science of Trust: Emotional Attunement for Couples*）是一本見解獨到又睿智的好書，深刻剖析信任，探討信任的培養。高特曼在加州大學柏克萊分校的〈至善網〉網站上發表一篇文章（www. greatergood.berkeley.edu），探討如何和伴侶培養信賴的關係，他的方式和我在研究中發現的一樣，也和我與艾倫說的彈珠罐一樣：

> 我從研究中發現，信任培養在微妙的片刻，我稱之爲「滑門」契機，是以電影《雙面情人》（*Sliding Doors*）命名（編按：電影名稱描述了女主角海倫趕上列車與錯過列車，兩種命運出現截然不同的發展）。你和另一半的互動中，可能出現「一拍即合」或「置之不理」的關鍵交錯。
>
> 我舉自己的例子來說明，某個晚上，我真的很想看完某一本推理小說，我知道兇手是誰，但我很想確定我是不是猜對了。那晚，我把小說放在床邊，走向浴室。
>
> 我經過鏡子時，從鏡中瞥見妻子的臉，她看起來心事重重，梳著頭髮。當時就是滑門契機。
>
> 這時我可以選擇溜出浴室，心想，「今晚我不想過問她的煩惱，我想把我

的小說看完。」但是既然我專門研究夫妻關係，我決定走進浴室，別開她的梳子，問道：「親愛的，妳怎麼了？」她於是告訴我她為什麼難過。

那個時刻就是在培養信任。我在一旁關心她，和她產生共鳴，而不是只在乎自己要什麼。我們發現這種時刻，就是培養信任的關鍵時刻。

那一刻也許不是那麼重要，但是如果你一再選擇置之不理，信任就會慢慢瓦解。

當我們以彈珠罐的比喻來思考背叛，多數人會想到自己信任的人做的事實在太過分了，讓人忍不住想抓起罐子，把彈珠倒光。你想到最椎心泣血的背叛經驗是什麼？他和我最要好的朋友上床；她謊稱金錢的去向；他選擇別人，而沒有選擇我，還是有人利用我的脆弱來攻擊我（那種情緒背叛往往讓我們想把整個罐子摔在地上，不止是倒出彈珠而已）。這些當然都是很可怕的背叛，不過有一種更隱約的背叛，對信任的破壞力一樣強烈。

事實上，這種背叛通常發生在其他背叛之前。那是一種情感抽離的背叛，不再關心，放任彼此連結中斷，不願再為關係付出時間和心力。「**背叛**」兩字讓人聯想到欺騙、說謊、信任瓦解、不為我們挺身辯解、不選我們而選擇別人——這些行為

對信任關係最有害的背叛形式，
是抽離

的確是背叛，但背叛卻不止於這些形式。如果要我選出最常出現在我研究中、對信任關係最有害的背叛形式，我覺得是抽離。

當我們愛的人或有深刻關連的人不再關心、注意、花心思為關係付出時，信任就會開始流失，傷痛也開始滲入。情感抽離，引發我們內心的自卑和最大的恐懼——恐懼被拋棄、懷疑自我價值、害怕自己不再有魅力。這種暗中的背叛之所以比謊言或外遇之類的背叛更加危險，是因為我們無法確切指出傷痛的來源、找不到導火線，也沒有明顯的裂痕。可能會令人瘋狂失措。

我們可能對情感抽離的另一半說：「你好像已經不在乎了。」但是在毫無「證據」下，對方可能回答：「我每天下午六點就下班回到家，晚上送孩子上床睡覺，假日帶小孩去看少棒，妳還要我怎樣？」或者在工作上，我們可能會心想：「為什麼我得不到任何評價？告訴我你喜歡我的作品啊！或者告訴我很爛啊！說點什麼都好，只要讓我知道你還記得我在這裡工作！」

面對孩子，行動往往勝於一切空談，當我們不再詢問他們每天過得如何，問他們最喜歡什麼歌，關心他們的朋友，以藉此參與他們的生活時，孩子便會感到痛苦和恐懼（而不是鬆一口氣，儘管青少年可能會如此表現）。當我們不再花心思和他們相處，當我們情感抽離時，他們也無法表達對我們的感受，只好以搗蛋的方式表現。他們會心想：「這樣起碼可以讓他們注意到我。」

一如信任，多數的背叛也是像彈珠一樣逐一累積。事實上，前述的明顯背叛或「大型」背叛，比較可能發生在連續的情感抽離及緩慢的信任流失之後。我從研究及個人經驗中學到的「信任」，可以歸納出以下重點：

信任是勇於展現脆弱的產物，是日積月累，與日俱增，需要花心思關注和全心投入。信任不是一種表態，而是逐漸累積。

迷思四：我們可以「一個人」

我們的文化相當推崇獨立自主，諷刺的是，即使在培養關係上，大家還是覺得凡事都可以自己來。我瞭解當中的魅力所在，我自己的DNA裡也有頑強的個人主義成分。事實上，我最愛的分手自強歌，是白蛇合唱團（Whitesnake）的〈Here I Go Again〉。如果你是某個年紀的人，我打賭你一定曾經搖下車窗，不畏一切地大唱：「我再次獨自啓程……彷彿孤獨的流浪漢，生來就要一個人走……」如果白蛇合唱團不是你喜歡的曲風，任何類型裡都有歌頌獨立的曲子。然而，在現實中，踽踽而行的感覺可能悲慘又沮喪，但我們佩服其中所傳達的堅強意境，我們的文化推

信任不是一種表態，
而是逐漸累積

崇這種獨立自主的感覺。

雖然我也喜歡獨自走上夢想街頭的概念，但脆弱之旅**不是**我們可以獨自上路的旅程，我們需要支持，需要有人讓我們嘗試新的自我而且不做批判。當我們在競技場上被擊垮時（如果我們勇敢冒險，那就可能發生），我們需要有人拉我們一把。在我研究的過程中，受訪者都很清楚他們需要支持、鼓勵，當他們重新展現脆弱與情感時，有時也需要專業的協助。我們大多很擅長提供協助，但是在展現脆弱時，我們同時也需要尋求協助。

在《不完美的禮物》中，我寫道：「如果沒有坦然接受的胸懷，就不會有眞正坦蕩付出的氣度。以帶有價值判斷的角度看待我們接受的幫助，也會有意無意地以同樣的角度看待我們付出的幫助。」我們都需要他人幫忙，我知道要是沒有我先生（他也是優秀的治療師）、大量書籍、親朋好友的鼓舞，我自己無法完成一切。勇敢展現脆弱讓人更勇於示弱。勇氣是有感染力的。

一些很有說服力的領導研究也證實，尋求支持非常重要，脆弱與勇敢是有感染力的。二〇一一年，彼得．福達（Peter Fuda）和李察．班漢（Richard Badham）在《哈佛商業評論》上發表一篇文章，他們用連串的比喻來探討領導人如何激發與維持變革。其中一個比喻是雪球，當領導人願意對下屬展現脆弱時，雪球就開始滾動了。他們的研究顯示，團隊成員認爲展現脆弱是勇敢的，勇於示弱也會激勵其他人跟進。

他們舉克林頓（Clynton）爲例來佐證雪球的比喻，克林頓是德國某大企業的執行董事，他發現自己的領導風格阻礙了資深管理者的積極進取。福達和班漢指出：「他其實可以私下改變自己的行爲，但他沒有那麼做，而是在公司的年度主管大會上，面對六十位資深經理人，坦言自己的缺失，指出自己和組織該扮演的角色。他承認自己不知道解決問題的所有答案，請所有的同仁幫忙領導公司。」福達和班漢研究那次主管大會的轉型，發現克林頓的領導力大幅提升了，團隊蓬勃發展，進取心和創新力都增加了，公司的績效也超越規模更大的競爭者。

同樣的，在我開始認眞質問自己對脆弱的恐懼如何限制自身發展，並找到勇氣分享內心的掙扎及尋求協助之後，我個人和專業上才產生最大的進步。在習慣逃避脆弱後，我發現學習如何接近不確定性、風險及情緒衝擊所帶來的不安全感，是很痛苦的過程。

我知道我可以選擇不去感受脆弱，所以發生事情時（例如當我接到來電告知預期外的狀況、當我感到恐懼、當我愛得太深，或者是當我忘記感恩和喜樂，反而滿腦子擔心失去的時候），我選擇掌控事情，管理情境，管控周遭每個人的細節，我

盔甲讓人維持渺小與緘默，
卻也讓人疲憊不堪

非常投入，做到自己毫無精力去感受。我努力讓不確定的事確定下來，且不計任何代價。我讓自己忙得團團轉，忙到沒時間去想我有多難過，有多恐懼。我外表看起來很堅強，實則內心害怕不已。

慢慢地，我發現那副盔甲沉重到難以承受，而且它唯一的作用是阻止我了解自己，也讓別人無法瞭解我。那盔甲讓我維持渺小與緘默，以免有人注意到我的不完美和脆弱，卻也讓我疲憊不堪。

我記得那年，曾有個非常溫柔的時刻，史蒂夫和我躺在地板上，看著艾倫瘋狂地手舞足蹈，有時跌得四腳朝天。我看著史蒂夫說：「看到她那樣無拘無束地展現她的脆弱和瘋狂，我反而更愛她了，這不是很好笑嗎？我永遠不敢那樣做，你能想像有人會因爲你瘋瘋癲癲的而愛你嗎？」史蒂夫看著我說：「我就愛妳那樣啊。」坦白講，對一個鮮少冒險展現脆弱的一面，老是讓自己跟愚蠢或瘋狂劃清界線的人來說，從來不曾想過成年人也能因爲那樣而深愛彼此，從沒想過有人會因爲我脆弱的一面而愛我，而不是勉強忍受。

我得到的關愛和支持，尤其是來自史蒂夫和治療師戴安娜的支持，讓我開始慢慢跨出冒險那一步，在職場及家庭中呈現一種新的方式。我開始嘗試更多的機會和新事物，例如分享。我學會設定新的底線，也學會拒絕，即使我還是很怕得罪朋友，或錯失日後在專業領域可能讓我後悔的機會。但到**目前爲止，我還沒對任何一次的拒絕覺得後悔過**。

回到羅斯福〈競技場上的鬥士〉演講。我也學到，愛我的人，還有我眞正依賴的人，從來不是在我落難時批評我的人。愛我的人不是在看台上，而是跟我一起站在競技場上，爲我奮鬥，也陪我奮鬥。

當我發現，以旁觀者的反應來衡量自我價值是浪費時間，我的人生完全轉變了。我領悟到，無論結果如何都會一樣愛我、支持我的人就在自己身邊，這領悟改變了一切，那也是我現在努力扮演的妻子、母親、朋友等角色。我希望在我們的家庭裡，可以讓人展現自己的勇敢，也可以展現最深的恐懼，大家可以放心暢談難以啓齒的話題，分享學校與工作上的尷尬片段，我希望我能看著史蒂夫和孩子說：「我在場上支持你，萬一失敗了，我們一起失敗，但起碼我們放膽去做了。」我們無法單靠自己就學會更加勇於示弱，學會放膽展現脆弱的力量。有時候，我們最原始、最大膽的冒險就是去尋求他人的支持。

第 3 章

瞭解與克服自卑（又稱「打怪練功」）

難以啓齒的事物，最容易累積「自卑（覺得自己不夠好）」的情緒，所以自卑特別喜歡找上完美主義者，很容易就能讓我們封閉自己。如果我們對自卑有足夠的瞭解，能夠點出它的存在，面對它，它就無法耀武揚威。自卑討厭被言語環繞，只要我們談論它，它就開始萎縮，就像魔怪見不得光一樣。溝通和分享爲我們帶來光明，摧毀自卑。

把脆弱和自卑集於一書！妳是要搞死我們嗎？

又或者……

這是黑魔法防衛術？

去年的一場演講，我的講題是全心投入的家庭。講完之後，一個男人上台來找我。他伸出手對我說：「我只是想謝謝妳。」我跟他握手，露出親切的微笑，他眼睛看著地板，我看得出來他強忍著淚水。

他深呼吸後對我說：「我必須告訴妳，我本來今晚不想來的，一直想辦法推拖，但我太太逼我來了。」

我笑著說：「喔，我碰過很多類似的情況。」

「我不能理解她爲什麼那麼興奮，我告訴她，我實在想不到有什麼事，會比在週四晚上去聽研究自卑的人演講還要更糟的。但她說這對她來說眞的很重要，叫我不要再抱怨了，不然會壞了她的興致。」他停頓片刻，接著突然問我一個問題，讓我有點驚訝：「妳迷《哈利波特》嗎？」

我楞了一下，努力把他剛剛說的一切兜在一起，後來我實在兜不起來，就直接回他：「我很迷啊，那套書我看了好幾遍，電影也看了好幾次，算是死忠書迷，爲

當我們有足夠的勇氣探索黑暗時，
才會發現自身光明的無限力量

什麼這麼問呢？」

他回答前，看起來有點不好意思，「呃，我本來對妳一無所知，當聽演講的今晚逐漸逼近，我的恐懼也越築越高，我一直把妳想像成石內卜，我以爲妳會很可怕，全身會穿得烏漆抹黑的，用低沉恐怖的聲音緩慢地說話，彷彿世界末日快到了。」

我不禁大笑，差點把喝在嘴裡的水噴出來。「我愛死石內卜了！我可能不會想要長得跟他一樣，但他是我最喜歡的角色。」我眼睛瞄向塞在講台下方的皮包，裡面放著鑰匙，鑰匙圈就是我喜愛的樂高版石內卜。

我們一起笑談他的石內卜幻像，接著話題轉趨嚴肅，「我覺得妳講的內容很有道理，尤其是我們都害怕黑暗的那部分，妳剛剛引用了一句話和閃亮光芒有關，那整句是怎麼說的？」

「喔，閃亮光芒那句，那也是我最喜歡的一句：『當我們有足夠的勇氣探索黑暗時，才會發現自身光明的無限力量。』」

他點頭，「對！就是那句！我想那就是我本來不想來的原因，我們想盡辦法想要逃避那些不容易談的話題，卻沒想到那些話題正能解放我們。我成長過程中一直很自卑，我不希望三個孩子也那樣，我想讓他們知道他們已經夠好了，我不希望他們不敢和我們談這些鬼東西。我希望他們能克服自卑的情緒。」

這時我倆的眼中都泛著淚光，我伸出雙手，尷尬地做出「要來個擁抱嗎？」的手勢，接著我給了他一個大大的擁抱。我們這樣相互勉勵擁抱完後，他看著我說：「我不善於展現脆弱的一面，但很容易自卑。想要展現脆弱，一定要先克服自卑嗎？」

「對，克服自卑是接納脆弱的關鍵。如果我們擔心別人怎麼想，就不敢展現自我，通常『不善於展現脆弱』就是指很容易自卑。」

當我結結巴巴地解釋爲什麼自卑阻止我們展現脆弱，阻礙我們和他人建立關聯時，我想起《哈利波特》中我最喜歡的對話。「你還記得哈利波特擔心自己可能是壞人嗎？因爲他經常憤怒，還抱持著黑暗的想法。」

他熱切地回應，「我當然記得！那是他和天狼星．布萊克的談話！也是整個故事想要傳達的宗旨。」

「沒錯！天狼星要哈利聽好，他說：『你不是壞人，你是很好的人，只是常碰到壞事，況且這世界也不是只分成好人和食死人兩種。我們內在都存在著光明和黑暗，重要的是我們選擇對哪一方採取反應，那才是眞正的自我。』」

「我懂了。」他嘆了口氣。

克服自卑是接納脆弱的關鍵，
如果我們擔心別人怎麼想，就不敢展現自我

「我們都有自卑感，內在都有善與惡，黑暗與光明，但是如果我們不好好處理內心的自卑與掙扎，就會開始相信自己眞的有問題，以爲自己很糟糕、有缺陷，不夠好，更糟的是，我們開始照著那些想法行動。如果我們想要全心投入地生活，與人建立關聯，就必須勇敢地展現脆弱。爲了展現脆弱，我們需要想辦法克服自卑。」

這時，他的妻子來到舞台的階梯邊等候他，他向我道謝，再次給我一個擁抱，然後轉身離開。他走到階梯下面時，轉過身對我說：「妳不是石內卜，妳是優秀的黑魔法防衛術老師！」

我永遠忘不了那一刻和那次的交流。當晚回家的路上，我想起哈利波特裡的一句話，哈利提到幾位黑魔法防衛術的老師命都不太好：「一個被開除，一個掛了，一個失憶，一個被鎖在箱子裡九個月。」我記得當時心想：「聽起來是這樣沒錯。」

我不會再繼續用《哈利波特》的例子做比喻了，因爲我相信有些人還沒有機會看那套書或看那部電影，但我必須說，因爲J.K. 羅琳驚人的想像力，讓我之後解說自卑更加容易，也有趣多了。不管是用來討論關於光明與黑暗間的掙扎、黑暗的英雄之路，或者是爲什麼脆弱與愛象徵了最眞實的勇氣，引用《哈利波特》的寓言都很合適。我花了很多時間，想要說明與定義這些難以言喻的情感和經驗，這才發現

《哈利波特》提供了豐富的人物、怪物和形象，可以作爲教學的輔助。對此，我永遠感激不盡。

我不是一開始就想當狂熱的自卑研究者，或黑魔法防衛術老師，但是過去十年，我研究自卑對我們生活、情感、教養、工作及領導方式所產生的破壞效果後，我發現我幾乎想放聲大喊：「沒錯，自卑是很不容易談論的話題，但是默許自卑比談論自卑更加危險！我們都有自卑的經驗，都害怕談論，而且我們愈是避而不談，自卑感就愈強烈。」

如果我們想要更勇敢，更能放膽展現脆弱的力量，就必須勇於示弱。但是就像我對那位熱愛哈利波特的朋友說的，如果自卑感讓我們擔心別人怎麼看我，那要如何展現自我呢？

我來舉個例子。

你設計了一個產品，寫了一篇文章，或創作一件藝術，想和一群朋友分享。分享自己的創作雖然心裡七上八下，卻也是全心投入生活所不可或缺的一部分，也是脆弱的力量的典型例子。但是因爲你從小被教導來應對外界的方式，可能讓你在自覺或沒自覺到的狀態下，把你個人的價値和這項創作的評價劃上等號。簡單來說，如果大家喜愛你的作品，你也會看好自己；萬一大家不喜歡你的作品，你也覺得自己一無是處。

這個當下，會出現以下任何一種情況：

1.當你發現你的個人價值因你的創作而被拉低時，你之後就不太可能會想要分享了。即使你分享了，也會刪掉一、兩個最特別的創意或發明，以免作品太標新立異，風險太高。畢竟，把最天馬行空的想像展現出去，賭上太多個人聲譽了。

2.假設你眞的以最有創意的形式，把作品分享出去，結果評價不如預期。你因而大受打擊，覺得自己的作品不好，自己也很糟。因此，你之後不太可能會去徵詢意見，重新投入，重頭來過，反倒是從此封閉自己。自卑感告訴你，你本來就不應該去嘗試，因爲你不夠好，應該要有自知之明才是。

如果你想知道，當你把個人價值和創作劃上等號，而且還得到好評，會有什麼下場？讓我用個人專業的經驗來回答你吧，在那種情況下，你麻煩更大了。因爲自卑攔截、掌控你人生所需的全部要素在此備齊——你把個人價值交由他人決定，經過幾次肯定後，你已經受到制約，正式成爲「迎合別人、追求表現和完美主義」的

默許自卑比談論自卑更加危險，
愈是避而不談，自卑感就愈強烈

俘虜。

當你瞭解自卑，具有克服自卑感的技巧時，情況就完全不同了。你還是希望大家喜歡、尊重、甚至推崇你的創作，但你的個人價值不會受到影響。你知道你的價值遠遠超過一張畫、一個創意、一個廣告、一次講道，或一個亞馬遜網路書店的好評。沒錯，當朋友或同事無法分享你的熱情，或事情不順利時，你當然會感到失望難過，但是一次的努力和你付出的心血有關，卻和「你這個人的價值」無關。不管結果如何，你都已經放膽去做了，那完全呼應你的價值觀，符合你對自己的期許。

當個人價值不受影響時，我們更願意展現勇氣，冒險分享個人的才華和天賦。我對家庭、學校、組織的研究清楚顯示，克服自卑的文化可以讓人更樂於徵詢、接納與採用意見。這種文化也可以培養全心投入，不屈不撓的人，他們知道在正確完成任務之前，需要一再嘗試，也比較願意創新，發揮創意。

對個人價值的信心，激勵我們勇敢示弱，公開分享，並堅持下去。自卑則讓我們持續渺小、懷恨在心與滿懷恐懼。在容易自卑的文化中，家長、領導人、管理者會自覺或不自覺地去鼓勵我們把個人價值和個人創作連結在一起，因此衍生出人與人之間的疏離、埋怨、閒話、停滯和偏袒，也欠缺創意與創新。

彼得．希漢（Peter Sheahan）是作家、演講家，也是改變實驗室（ChangeLabs™）

對個人價值的信心，激勵我們勇敢示弱，公開分享，並堅持下去

的執行長。改變實驗室是一家全球顧問公司，爲蘋果和ＩＢＭ等公司設計大規模的行爲改變專案。去年夏季，我有幸和他一起共事，我覺得他對自卑的觀點相當精準，他說：

> 創新的祕密殺手是自卑，你無法衡量它，但它確實存在。每次當有人壓抑新點子不講，無法提供管理階層亟需的意見反饋，或害怕在客戶面前發表見解時，那肯定都是自卑感在作祟。那種深怕自己做錯、怕被看不起，怕自己不夠格的恐懼，正是阻礙我們冒險推動公司進步的力量。
>
> 如果你想要充滿創意與創新的文化，讓市場和個人都接納合理的風險，就從培養管理的能力開始，讓員工在團隊裡培養「展現脆弱」的風氣。這需要他們自己先展現自己沒安全感的一面。這也許聽起來有些矛盾，不過，領導人得要「掌控全局」、「無所不知」之類的觀念不僅已經過時，也是有害的。那種過時觀念，讓員工以爲自己見識淺薄，以爲自己資歷不足，肯定會讓所有人覺得多說多錯、少說少做。當自我懷疑變成了害怕表現，害怕表現導致了怕事心態，自然就扼殺了創意。

重點在於，想要放膽展現**脆弱的力量**，前提是需要先肯定自我價值，但自卑卻派魔怪來找我們，在我們的腦子裡裝滿了這些胡思亂想：

冒什麼險！你還不夠格！

不要太囂張了！少得意忘形！

我們最熟悉的「魔怪」是來自史蒂芬．史匹柏一九八四年拍的恐怖喜劇《小精靈》（*Gremlins*）。魔怪是那些邪惡、綠色的搗蛋鬼，到處搞破壞。他們喜歡操弄人類，從破壞中獲得快感。在許多文章中（包括我的文章），「魔怪」一詞已經變成各式自卑的代名詞。

例如，最近我有篇文章一直搞不定，收不了尾，我打電話給一位好朋友，告訴她我已經文思枯竭，寫不出東西。她馬上問我：「魔怪又對妳說了什麼？」

這種方法可以有效問出是哪種自卑感在作祟——亦即腦中自我懷疑和自我批評的訊息。我的回答是：「我腦子裡有幾隻魔怪，一隻說我寫得很爛，根本沒人在乎這些主題，另一隻說，我寫這些東西會被批評，而且是我活該。最大那隻魔怪則是一直嚷嚷：『真正的作家才不會寫得那麼痛苦，也不會亂用分詞構句。』」

瞭解我們的自卑症狀或腦中魔怪，是克服自卑的關鍵。因爲我們不見得能把自卑歸咎於某個特定的時刻，或者某個曾經貶低我們的人。有時候自卑是來自我們從小學習或從文化中吸收的老舊教條，而在我們腦中一再播放。我的好友兼同事羅伯．希利克（Robert Hilliker）說：「自卑一開始是有對象的，但是長大以後，我學會一個人搞自卑。」有時候當我們勇敢地站上競技場時，面對的最大批評者反而是自己。

難以啓齒的事物，最容易累積「自卑（覺得自己不夠好）」的情緒，所以自卑特別喜歡找上完美主義者，很容易就能讓我們封閉自己。如果我們對自卑有足夠的瞭解，能夠點出它的存在，面對它，它就無法耀武揚威。自卑討厭被言語環繞，只要我們談論它，它就開始萎縮，就像魔怪見不得光一樣。溝通和分享爲我們帶來光明，摧毀自卑。

一如羅斯福所說的，當我們放膽展現脆弱的力量時，有時會犯錯，甚至一錯再錯，失敗、錯誤與批評在所難免。如果我們想要熬過痛苦的失落感，撐過全心投入的生活中免不了會有的挫折和心碎，就不能把失敗這件事和自己不值得被愛、不值得擁有歸屬感和喜樂劃上等號。萬一我們劃上等號，就再也不會勇敢站出去，再一次嘗試了。自卑就徘徊在競技場邊緣，等我們失敗並決定不再冒險的時候伺機而上，它會笑著說：「我早就告訴過你了，那是個錯誤，我就知道你不夠……」但能克服自卑感的人就是有能力說出：「是很痛苦沒錯，很失望，甚至可說是莫大的打擊，但是爲了去得到成功，或者得到任何人的認同或允許，都不是我的價值觀。我的價值觀是勇氣，我只是放膽去做罷了。所以自卑，閃遠一點吧。」

所以，我不是要搞死你，我只是主張：「如果自卑壓抑了我們的自我價值和與他人的連結，我們就無法擁抱自己的脆弱。」所以，振作起來，做好準備，讓我們好好面對自卑，這樣才能全心投入地生活。

什麼是自卑，為什麼那麼難以啓齒？

（如果你確信自己沒有自卑的問題，請繼續閱讀，我會以兩、三頁釐清一切。）

每次在演講、文章或書中談到自卑時，我都以自卑三要素開場，好讓讀者願意繼續聆聽：

1. 自卑情緒人皆有之。自卑是普遍的體驗，也是最原始的人類情感。不曾自卑的人也缺乏同理心及人際互動的能力。你有以下的選擇：坦白承認自己也曾感到自卑，或者承認自己是個孤僻鬼。註：唯有這一次，自卑似乎是較好的選項。

2. 我們都害怕談論自卑。
3. 我們愈是避而不談，自卑對我們的掌控力愈大。

有幾種有效的方法可以幫助我們思考自卑。第一，自卑是害怕與他人失去連結。我們先天在心理、情感、認知、精神上都想要獲得連結、愛與歸屬感。連結，以及愛和歸屬感（兩種連結的表達方式），是我們生而爲人的原因，爲我們的人生帶來意義與目的。自卑，是害怕失去連結——害怕自己做了或者沒做什麼，也害怕自己達不到理想或無法完成目標，而導致我們沒資格和別人維繫連結。亦即，**我不夠格或不夠好，才無法被愛，無法獲得歸屬感或連結**。因爲我沒人愛，所以也找不到歸屬感。以下是我從研究中得到的一些自卑定義：

自卑（自慚形穢、自我價值低落），是一種極其痛苦的感覺或體驗，認爲自己有缺陷，所以不值得被愛，也不值得擁有歸屬感。

大家常以爲，只有經歷過難以言喻的創傷，才會感到自卑和自我價值低落，但事實不然。那是人人皆有的體驗，雖然自卑感覺起來是躲在我們心中最陰暗的角落，但它其實潛伏在每個我們熟悉的地方。我的研究歸納出十二種「自卑類別」：

- 外貌與身體意象
- 金錢和工作
- 爲人父母
- 家庭
- 教養
- 身心健康
- 成癮
- 性愛
- 老化
- 宗教
- 從創傷中倖存
- 刻板印象或標籤化

以下是我們請受訪者舉例時，他們提出的一些自卑情緒的例子：

- 不敢告訴懷孕的妻子，自己被裁員了：我會覺得自慚形穢
- 當我其實沒懷孕，別人卻問我：「預產期什麼時候？」：我會覺得羞愧
- 不敢告訴別人自己正處於勒戒階段：我會覺得羞愧
- 對孩子發飆：我會覺得羞愧
- 破產：我會覺得自慚形穢
- 老闆在客人面前罵我白痴：我會覺得羞愧
- 沒升任合夥人：我會覺得自我價值低落
- 先生拋棄我，愛上隔壁鄰居：我會覺得自慚形穢
- 妻子要求離婚，說她想要小孩，但不是和我一起生：我會覺得自慚形穢
- 酒駕：我會覺得羞愧
- 不孕：我會覺得自我價值低落
- 告訴未婚夫我爸住在法國，其實他在坐牢：我會覺得羞愧
- 偷看網路色情影片：我會覺得羞愧
- 被退學，而且兩次：我會覺得羞愧

●聽到父母在另一個房間吵架，心想著是不是只有我那麼害怕：我會覺得羞愧

自卑情緒是眞實的痛苦，大腦的化學物質強化了社會接納和連結的重要，社會中排擠和疏離所造成的痛苦是眞實的傷痛。二〇一一年，美國國家心理研究院和國家藥物濫用研究院贊助的研究顯示，對大腦來說，身體疼痛和社會排擠的強烈傷痛是同等的。所以我把自卑情緒定義爲強烈的「痛苦」經驗，並不是在開玩笑。神經科學研究證實了我們老早就知道的事情：情緒可能傷人，而導致痛苦。就像我們難以定義身體的疼痛一樣，情緒的痛苦也很難描述，描述自卑情緒尤其困難，因爲自卑感討厭被言語環繞，討厭被談論。

分辨「自卑」、「內疚」、「羞辱」和「尷尬」等等情緒的不同

事實上，當我們想瞭解自卑時，會發現它之所以不容易談論，有個簡單的原因，那就是詞彙問題。我們常把**尷尬**、**內疚**、**丟臉**、**自卑**這幾個詞交替使用，或許強調以正確用語來形容某種體驗或情緒太龜毛了，但重點不光只是語義問題而已。

我們體驗這些情緒時會有不同的感覺，差異是來自於自我對話——亦即我們如

自卑情緒是真實的痛苦，
就像我們難以定義身體的疼痛一樣

何告訴自己發生了什麼事？檢視自我對話和解析這四種不同情緒的最佳起點，是「自卑」與「內疚」的差異。多數自卑研究者和臨床治療師都同意，自卑和內疚的差異是：一個是指「我不好」，一個是「我做了不好的事」。

內疚是「我做了不好的事」
自卑是「我不好」

例如，你忘了和朋友約好中午一起用餐。中午十二點十五分，朋友從餐廳打電話給你，想確認你沒事。如果你心想：「我真是白癡，我真是糟糕，爛透了。」那就是自卑情緒，是羞愧和自慚形穢。相反的，如果你心想：「我真不敢相信我竟然**做了**這種事，這種糟糕的事情我竟然**做得出來**。」那就是內疚。

有趣的是，當你自動聯想到「我真糟糕！」或「覺得自己羞愧才可以讓我下次更加謹慎」時，反而最有可能為了自保而怪罪別人或牽拖其他事情，來為自己的過失自圓其說，或者敷衍地道歉和逃避。你不是真心道歉，而是怪罪朋友或是幫自己的疏失找理由：「我說過我很忙，約今天真的不適合。」或者是沒誠意地道歉，心想：「隨便啦，她如果知道我有多忙，就換她要跟我道歉了。」又或者，你看到來電顯示時乾脆就不接電話，等撐到躲不了時才謊稱：「你沒收到我的電子郵件嗎？我今天早上跟你取消了，你應該檢查一下信是不是被丟到垃圾郵件匣了。」

當我們爲自己的行爲致歉、賠罪，或者調整自己去做出不符合自己價值觀的行爲時，通常是因爲內疚使然，而不是因爲自卑情緒帶來的羞愧感。當我們發現自己做了或沒做的事違背個人價值觀時，會產生內疚的感受。那感覺令人不安，卻是有益的。心理不安類似認知失調，可以促成有意義的改變。內疚和自卑的力量一樣強大，但內疚是正面的，自卑則有破壞性。事實上，在我的研究中，我發現自卑會侵蝕我們相信改變、相信進步的那部分自我。

我們的世界依舊認爲自卑和羞愧是讓人謹守本分的工具，這種想法不僅是錯的，也很危險。自卑情緒和成癮、暴力、侵略、憂鬱、飲食失調、霸凌等結果有密切的關係，研究人員完全找不到自卑和正向結果的關係，沒有資料佐證自卑是有效指引良好行爲的指南。事實上，自卑比較可能是導致破壞性和有害行爲的原因，而非解決之道。

渴望被愛和歸屬感是人之常情。當我們感到自卑時，我們悵然若失，急切想要尋求個人價值。當我們因自卑或害怕自卑而感到難過時，比較容易有自毀的行爲，會去攻擊或羞辱他人。在談教養、領導、教育那一章，我們會探索自卑如何侵蝕我

內疚和自卑的力量一樣強大，
但內疚是正面的，自卑則有破壞性

們的勇氣，促使我們情感上的抽離，還有我們該如何培養對自我價值的信心，接納脆弱，克服自卑。

丟臉也是我們常和自卑混淆在一起的詞彙。唐納・克萊因（Donald Klein）一語道出自卑和丟臉的差異：「自卑是活該，但丟臉是憑什麼。」假設約翰與同事及老闆開會時，老闆因爲他無法談成交易而罵他沒用，約翰可能會感到自卑或丟臉。

這時如果約翰心想：「天啊，我眞沒用，我很失敗。」那是自卑。如果他心想：「老闆太過分了吧，眞荒謬，他憑什麼罵我。」那是丟臉。丟臉會令人難過，使工作或家裡的氛圍令人難以忍受。如果這種情況持續下去，當我們開始去接納那種訊息時，就會演變成自卑。不過，丟臉還是比自卑好一些，約翰沒接受老闆罵的「沒用」，他對自己說：「那又不是我的問題。」當我們這麼做時，比較不可能封閉自己，唱反調或反擊。我們比較可能堅守自己的價值觀，並想辦法解決問題。

尷尬是這四種情緒中最不嚴重的一種，通常一下子就釋懷了，最後可能還覺得很好笑。尷尬的特點是我們做了糗事，但不覺得自己很孤單。我們知道別人也做過同樣的事，就像臉紅一樣，一下子就過了，不影響我們的爲人。

熟悉用語是瞭解自卑的重要起點，也是克服自卑的第一要件。

我懂了，自卑是壞事，所以該怎麼辦？

答案是**克服**自卑（shame resilience）。注意，**抗拒**自卑（shame resistance）是不可能的。只要我們在乎人際關係，擔心失去與他人的連結，自卑永遠是一股強大的力量。自卑情緒造成的痛苦是眞實的，不過這裡有個好消息，在我的研究中，我發現能有效克服自卑的男女有四個共通點：我稱之爲克服自卑的要件。學習把這些要件付諸實行，就是我所謂的「打怪練功」。

我會一一說明那四大要件，但首先我想說明什麼是克服自卑，那是指：在感到自卑時，能展現眞實的自我；在經歷那陣自卑情緒時，能不犧牲個人的價值觀；在經歷自卑情緒後，能比之前更有勇氣、包容，與人緊密相連。克服自卑就是從自卑轉爲同理心，發揮同理心才是克服自卑的最佳對策。

當我們和有同理心、懂得和能夠體諒的人分享事情時，自卑就無法存在了。自我包容也很重要，但由於自卑是一種社交概念，是發生在人與人之間，所以在人際互動中療癒的效果最好，因爲社交傷口需要社交慰藉。自我包容也是關鍵，因爲當我們在自卑情緒中善待自己，就比較可能走出去，和外界相連，產生共鳴。

想要發揮同理心，需要先知道自己面臨的是什麼。以下是克服自卑的四大要

克服自卑就是從自卑轉為同理心，
發揮同理心才是克服自卑的最佳對策

件：發生的順序不見得一樣，但最後都能讓我們產生同理心，療癒我們。

1. **辨識自卑，瞭解引發自卑的原因**

自卑是生理的，也和成長背景有關。你能夠看出自己身陷自卑，感受到自卑的歷程，並找出是什麼訊息和預期引發自卑嗎？

2. **落實批判性覺醒**（Critical Awareness）

你可以檢視那些讓你感到自卑的訊息和預期是否屬實嗎？你眞的想成爲那樣嗎？你覺得其他人希望你變成那樣嗎？

3. **接觸外界**

你希望避而不談，還是跟人分享？不和外界相連，就無法產生同理心。

4. **談論自卑**

你會談論自卑的感覺並尋求協助嗎？

克服自卑是保護連結的對策（包括自我連結和與我愛的人之間的連結）。但是克服自卑需要先確認或思考自卑，那是自卑的優勢所在。當自卑情緒出現時，我們幾乎一定會遭到邊緣系統（limbic system）的劫持。換句話說，原本負責思考、分析和策略的前額葉皮質（prefrontal cortex）退居幕後，大腦「非戰即逃」的原始部分成了主導。

大衛．伊葛門（David Eagleman）在著作《躲在我腦中的陌生人》（*Incognito*）中描述大腦是「勁敵團隊」（team of rivals），他寫道：「你的大腦裡，不同派別之間持續對話，爭搶著掌控單一的行爲表現權。」他指出大腦分成理性和感性兩套系統，「理性系統關切外在世界的分析，感性系統則追蹤內在的狀況，去擔心情況的好壞。」伊葛門指出，由於兩個系統爭搶一個行爲表現管道，情感可能影響決策平衡。我覺得當那個情感又是自卑情緒時，那描述更是貼切。

我們之所以產生「非戰即逃」的反應，是爲了求生，而不是爲了講理或建立連結。自卑極其痛苦，已經足以觸發大腦求生的部分，讓我們逃避、躲藏或展開攻擊。事實上，我訪問研究參與者時，問他們開始克服自卑以前，通常有什麼反應。我聽到以下的答案：

- 「我自卑時，就像個瘋子，會做出平常絕對不會做的事，說出平常絕對不會說的話。」
- 「有時候我只想讓別人體會我有多痛苦，只想對每個人發飆。」

為了因應自卑情緒，
我們會祭出「親近」、「反抗」、「遠離」三種對策

- 「我自卑時會變得絕望，好像求助無門，找不到人傾訴。」
- 「我感到自慚形穢的時候，心理和情緒會開始放空，連家人都不理。」
- 「自卑讓人感覺遭到世界遺棄，我會躲起來。」
- 「有一次我去加油，信用卡刷不過，對方讓我相當難堪。我把車子開離加油站時，三歲的兒子哭了起來，我開始大吼大叫：「閉嘴……閉嘴……閉嘴！」信用卡沒刷過讓我覺得很羞愧，我整個人瘋了，後來我又因爲對兒子大吼大叫而覺得自己很糟糕。」

想瞭解我們如何反抗自卑情緒，我是參考衛斯理學院史東中心（Stone Center）的研究。琳達．哈特寧博士（Linda Hartling）曾在史東中心擔任關係文化理論家，現在是人性尊嚴與屈辱研究計畫的主任，她採用已故的凱倫．荷妮（Karen Horney）對「親近、反抗、遠離」的研究，列出我們因應自卑情緒時切斷連結的方式。

哈特寧博士指出，爲了因應自卑情緒，有些人會以疏離、逃避、緘默、保密的方式**「遠離」**（move away），有些人則是以息事寧人和迎合討好的方式去**「親近」**（moving toward）。有些人是以凌駕他人、激進行爲、以牙還牙的方式（例如寄出惡毒的電子郵件）來**「反抗」**（move against）。多數人都會在不同的時間點，因不

同的理由，對不同的人使用這三種不同的招數。但是這三種方法都讓我們切斷與他人的連結。這是我們面對自卑的痛苦時，祭出的止痛對策。

以下是我自己的自卑體驗，可以充分說明以上的概念。那不是我人生的最佳時刻，卻很適合拿來說明，當我們面對痛苦的情境時，如果不想再累積更多的自慚形穢，我們更應該培養與落實克服自卑的能力。

首先，我先講一下那案例的背景。對我來說，婉拒演講邀約總是讓我的內心糾葛萬分，多年來我習慣迎合他人與追求完美，所以讓人失望令我相當不安，我內心那個「乖乖女」很討厭辜負別人的好意。而魔怪則會在一旁耳語：「他們會覺得妳做人不厚道」，「不要那麼自私」。我同時也擔心萬一拒絕，大家以後就不再來找我了。但這時魔怪又會說：「妳不就是想要多點時間休息嗎？小心願望成眞，你這份熱愛的工作可能就這樣沒了。」

我決心要設定底線，是因爲這十二年來，我研究全心投入的生活需要什麼，以及從擔心「別人會怎麼想？」到「我已經夠好了」需要做到什麼。我發現受訪的人中，人際關係最緊密相連、最有包容心的人，都懂得設定與尊重底線。我不想只花時間研究並到處奔波，不想只是暢談全心投入生活這件事，我更想要身體力行，所以我婉拒了約八成的演講邀約。相反地，當演講時間可以和家人的時間表、我的研

人際關係最緊密相連、最有包容心的人，
都懂得設定與尊重底線

究、生活錯開時，我就會答應邀約。

去年，我收到一封電子郵件，來信者對我很憤怒，因爲我無法去他主辦的會議上演講。我婉拒那場邀約，因爲那天剛好家裡有人生日。他的來信很不客氣，充滿人身攻擊。我腦中的魔怪見獵心喜。

我沒回信，而是決定把那封信轉寄給我先生，順便告訴他我對那傢伙及那封信的眞正想法。我需要宣洩內心的羞愧和憤怒。那封信的確不是「乖乖女」該有的措辭，我不承認也不否認信裡用了「鬼扯」那個字，而且兩次。

於是，我按了「回信」鈕，而不是「轉寄」鈕。

我的Mac筆電在我按下寄送鍵後，像飛機一樣發出「咻」的一聲，當下我開始慘叫，「回來啊！求求你回來啊！」對方回信時，我仍瞪著螢幕，無以復加的羞愧感讓我整個人愣在電腦前。他在回信中寫道：「啊哈！我就知道！妳這個人很糟糕，一點也不『全心投入』，妳爛透了！」

羞愧的感覺如海嘯般襲來，我口乾舌燥，感覺分秒難捱，開始鑽牛角尖。我痛苦地吞著口水，魔怪又開始耳語：「妳**的確**爛透了！」「妳怎麼會笨成這副德行？」**魔怪總是知道如何見縫插針**。等我回神過來，開始喃喃自語：「痛，痛，痛，痛，痛……」

這招是卡羅琳發明的，她是我早期研究時訪問的對象，幾年後她懂得克服自卑以後，又接受我的訪問。她告訴我，每次她感到自卑的羞愧情緒時，她就馬上反覆唸著「痛」這個字：「痛，痛，痛，痛，痛……」她告訴我，「我知道這聽起來很瘋狂，我可能看起來也像個瘋子，但不知怎的，這招效果不錯。」

當然不錯！這招是擺脫大腦原始求生模式的絕妙好招，把大腦交還給前額葉皮質主導。我就這樣反覆唸著「痛」一兩分鐘，深呼吸，試著把焦點拉回自己身上。我心想：「好吧，是羞愧感突襲，我沒事了，接下來呢？我可以解決的。」

我發現羞愧的身體症狀以後，重新啓動理性的大腦，想起打怪練功的三個招式，那是最有效克服自卑的方法。幸好，那三招我已經練習夠久了，知道它們乍看之下不合常理，但實際上很有效，我必須相信那個流程。

1. **鼓起勇氣接觸外界！**我想躲起來，但是克服自卑及肯定自我的方法，就是和有資格聆聽的人分享經驗，因爲他們因爲我們的脆弱而愛我們，而不是勉強接受我們的脆弱。

2. **用我對我愛的人說話的方式，以及安慰即將崩潰的人的方式來自我對話：**你沒事的，犯錯是人之常情，有我在別怕。通常我們受到羞愧感突擊時，只會

發生在我身上的事並非真我，
我選擇變成什麼才是真我

自責，**從來不會**用我們對愛的人與尊重的人說話的方式來自我對話。

3. **攬起全局！**別想逃避來粉飾太平，那反而會讓事情進一步發酵或限制你。我常大聲說：「**攬起全局，你就有資格定義結局。攬起全局，你就有資格定義結局。**」當我們對自己有所隱瞞時，我們就會永遠停留在那件事的主題上打轉。但如果我們攬起全局，就擁有收尾的權力。榮格曾說：「發生在我身上的事並非眞我，我選擇變成什麼才是眞我。」

即使我知道發生羞愧事件後，躲藏或自我隱瞞是最危險的做法，我還是很怕打電話告訴任何人。不過我還是打了。

我打給我先生史蒂夫和好友凱倫。他們給了我最需要的東西：同理心，提醒我並不孤單。他們不評斷我（那會讓羞愧的感覺更加惡化），同理心傳達了簡單的肯定：「你不孤單。」

同理心是連結，是一道讓我們爬出羞愧深淵的長梯。史蒂夫和凱倫不僅聆聽我敘述，給我關愛，幫我脫離羞愧感，他們也分享自己的經歷，展現他們脆弱的一面。展現同理心不見得需要和對方有一模一樣的經驗，凱倫或史蒂夫都沒發過那樣的信件，但是他們都很熟悉內心的魔怪，熟悉「被抓包」的感覺，以及「糟糕，死定了！」的經驗。同理心是對某人的情緒表現出感同身受，而不是去眞實經歷他的事件或情境。當我發現我不孤單，那是人之常情時，羞愧的感覺就消散了。

有趣的是，史蒂夫和凱倫的反應截然不同。史蒂夫比較嚴肅，態度偏向「哦，天啊，我知道那種感覺！」凱倫的反應則讓我笑了約三十秒，不過他們的反應有個共通點，那就是「我懂」的威力。同理心是奇怪又強大的東西，沒有固定的腳本，沒有正確或錯誤的方式，就只是聆聽、保留空間，不妄下評論，情感共鳴，傳達療癒效果十足的訊息：「不止是你如此」。

我和史蒂夫及凱倫的談話讓我安度了羞愧風暴，回歸平靜，以眞實與自信的方式回對方一封信。我坦言自己憤怒失禮，爲我的不當言詞致歉，我也爲未來的溝通設下清楚的底線，後來再也沒接到他的回信了。

想逃避來粉飾太平會讓羞愧感滋生，俗話說「你的祕密和你的人一樣病態」，分享祕密的十二步驟有嚴謹的科學依據。在一項開創性的研究中，德州大學的心理學家詹姆斯．潘尼貝克（James Pennebaker）和團隊研究創傷倖存者（遭到強姦或亂倫者）如果保守祕密，不讓人知道自己的經歷，會發生什麼事。研究團隊發現，不談論創傷事件或不對人傾訴，可能比實際事件的傷害還大。相反的，大家分享故事和經驗時，身體健康改善了，看醫生的次數減少了，壓力荷爾蒙的濃度也大大降

克服自卑情緒是一種練習，
需要時間培養，需要勇氣接觸外界

低。

潘尼貝克自從早期研究保祕的效果後，就把研究焦點放在表意寫作（expressive writing）的療效上，他在著作《寫作療癒》（*Writing to Heal*）中寫道：「一九八〇年代中期開始，愈來愈多的研究探索表意寫作的療效，證據日益顯示，書寫創痛的經歷，即使每天只寫十五到二十分鐘，寫個三、四天，也對身體與心理健康有顯著的效果。情感寫作也可能影響睡眠習慣、工作效率、人際關係。」

克服自卑情緒是一種練習。我和潘尼貝克一樣，也覺得書寫自卑的經驗是克服自卑的有效方法，那練習需要時間培養，需要勇氣接觸外界，說出難以啟口的事。如果你讀到這裡心想：「我想和伴侶、朋友或小孩談談這個」，那就去做！如果你心想：「自卑怕事已經變成這裡的管理風格，難怪大家都冷漠疏離，我們應該談談這個狀況。」那就去做！你不需要率先發現問題或者掌握資訊之後才參與討論，你只需要說：「我讀了一本書，裡面有一章談到自卑情緒，我想跟你討論一下。如果我把書借給你，你會看嗎？」

下個單元是探討性別、自卑和自我價值。我想你也會想要借他們看這一章的內容。我對男性與自卑的研究改變了我的人生。

網與箱：男女的自卑有何差異

我剛開始研究自卑的前四年只鎖定女性。當時許多研究人員相信（現在仍有一些人相信）男女的自卑體驗不同。我擔心，要是我把男女資料混在一起，可能會忽略雙方經驗的微妙差異。至於我爲什麼只訪問女性，我承認有部分原因在於，我覺得女性比較難認同個人價值。某種程度上，我也覺得我抗拒訪問男性，是因爲我直覺認爲，訪問男性猶如誤闖奇怪的新領域。

事實證明，那的確是個奇怪的新領域——充滿無語的傷痛。二〇〇五年某次演講完後，我稍稍瞥見了那個世界。一位瘦高的男性，我猜六十出頭左右，跟他的妻子來到講堂前方。他穿著黃色Izod牌的高爾夫球毛衣，我永遠忘不了他那天的樣子。我先和他的妻子聊了幾分鐘，順便簽了幾本她幫自己和女兒買的書。她轉身離去時，她先生轉向她說：「我等一下就過去，給我一分鐘。」

她顯然不希望她先生留下來和我說話，對他講了兩三次「別這樣」，但他不肯聽。我心想：「老兄，跟她走吧，你嚇到我了。」她沒有勸走她先生，逕自走向房間的後方。他則是轉向我簽書的那張桌子。

一開始我們的交談很稀鬆平常，「我喜歡妳對自卑的看法。」他告訴我，「很有

女姓通常寧可看王子死在白馬上，
而不是從白馬上摔下來

趣。」

我謝謝他的肯定，等候他繼續說下去。我聽得出來他還想說點別的。他把身子靠向我，問道：「我只是好奇，妳對男人的自卑有什麼看法？妳研究了什麼？」

我一聽馬上鬆了一口氣，這題不會花太多時間，因爲我知道的不多。我解釋：「我訪問的男士不多，通常只訪問女性。」

他點頭說：「喔，那倒是很省事。」

我一聽，感覺到頸背的汗毛都豎起抗議了，我勉強擠出微笑問道：「爲什麼說省事呢？」我拉高音調問他，通常只有在不安時我才會有那種反應。他問我眞的想知道嗎，我說對，但其實我不是眞的很想聽。我有點戒心。

接著他的眼裡突然泛了淚光，他說：「我們男人也會自卑，深切的自慚形穢，但是當我們接觸外界，分享自己時，情感卻大受打擊。」我努力跟他維持目光相接，他的痛苦感動了我，但我仍想自我防衛。我正想說當男人對上男人可能雙方會很強硬時，他說：「在妳要提到那些惡毒的教練、老闆、兄弟、父親之前……」他指向房間後方他妻子等候的地方，「我太太和我女兒，就是妳剛剛幫忙簽書的那些人，她們寧可看王子死在白馬上，而不是從白馬上摔下來。妳說妳希望我們展現脆弱和眞實的一面，但是少來了，妳們根本受不了，妳們一看到男人那樣，就覺得噁心。」

我屏住呼吸，他的話令我震驚，猶如五雷轟頂。他長長地嘆了口氣，接著馬上說：「我就只是想說這些而已，謝謝妳的聆聽。」接著他就離開了。

那時我已經花了幾年的時間研究女性，聆聽她們掙扎的故事。當下，我才意識到男人也有他們的故事，如果我們想要找到擺脫自卑的方法，應該男女一起尋找。所以這個單元是探討我對女性和男性的研究：男女如何傷害彼此，爲何他們需要彼此才能療癒自己。

現在我研究過男性和女性後，我對男女的認知是：男性和女性都一樣容易受到自卑情緒的影響，助長自卑的訊息和社會期待的確會因性別而異，但自卑的體驗則是男女皆然，是人之常情。

女性自卑的大網

我請女性分享她們對自卑的定義和經驗時，以下是我聽到的：

男性和女性都容易感到自卑，
他們需要彼此才能療癒自己

- 外表完美，做事完美，十全十美，不夠完美就該自慚形穢。
- 被別人的母親品頭論足時，會感到自卑。
- 自己想掩藏的缺陷被暴露出來，會感到自慚形穢。
- 無論我達到什麼目標或者有多努力，我的背景和經歷還是會讓我覺得自己不夠好。
- 即使大家都知道不可能兼顧一切，每個人還是會那樣預期。當妳無法表現出一切看起來都在掌控中的樣子，就會感到自卑。
- 在家不夠好，在職場上不夠好，床上功夫不夠好，當母親當得不夠好。自卑就是永遠不夠好。
- 沒辦法受同學歡迎，正妹都在笑我。

如果你還記得十二種自卑類型（外貌與身體意象、金錢和工作、爲人父母、家庭、教養、身心健康、成癮、性愛、老化、宗教、從創傷中倖存、刻板印象或標籤化），讓女性感到自卑的主要因素就威力和普遍性來說，排名第一的是外貌。雖然我們一再提高自我意識和批判性覺醒，女性最大的自卑原因還是來自於不夠瘦、不夠年輕貌美。

有趣的是，排名第二的自卑因素是「爲人母親」。而且你不需要當上媽媽，就會有爲人母親的自卑。社會對女性身分及母親身分的看法緊密相關，所以女性價値通常和我們身爲母親或潛在母親的角色有關。女性常被問道爲什麼不結婚；結了婚，就被問爲什麼不生孩子；結婚生了一個孩子，還是經常被問爲何不生第二胎；兩胎間隔太久，有人會問：「妳是在想什麼？」；要是兩胎間隔太近，又有人問：「爲什麼要這樣？那對孩子不公平」；如果妳是職業婦女，大家會問：「小孩怎麼顧？」；如果妳是家庭主婦，大家會問：「妳爲女兒樹立什麼榜樣？」爲人母親的自卑感無處不在，對女孩和女人來說，那種自卑猶如與生俱來的特質。

不過，女性的眞正掙扎（擴大各種自卑的因素），來自於大家預期（有時是渴望）女性是完美的，卻又不准女性看起來像在爲那個目標努力。我們希望女性自然而然、不費吹灰之力地達到那個境界。大家預期女人天生就是美人胚子，是天生的母親。希望我們都是天生的領導人，天生的好父母，也希望自己來自先天完美的家庭。你想想，市場上標榜讓妳「自然美」的產品賣得有多好。而說到工作，我們喜歡聽到人家說：「她看起來好輕鬆」或「她是天生高手」。

我閱讀這些女性提供的定義和例子時，持續想像著一張大網。我看到一張綿密複雜的網，層層交疊著相互衝突的預期，要求：

女性的真正掙扎，來自於大家預期女性是完美的，
卻又不准女性看起來像在為那個目標努力

- 女人該扮演誰？
- 女人該是什麼樣子？
- 女人該如何做才對？

當我想到自己想達成大眾希望所付出的努力（這是社會灌輸女性的想法），我可以看出自己的每一步爲何讓我愈陷愈深，每個想要抽離那張網的動作，反而讓我卡得更緊。那是因爲怎麼選都會產生後果，都會讓外界失望。

那張網是用來比喻「雙重束縛」的情況。作家瑪麗蓮．弗萊（Marilyn Frye）形容雙重束縛是「一個選擇有限，且無論怎麼選，都會讓我們受到懲罰、責難或剝奪的情境。」當大家對妳有相互衝突的期待時（往往是一開始就做不到的期待），就會出現以下情境：

- 妳要完美，但是不要爲完美而大費周章，不能從家人、伴侶或工作等任何事物中挪出時間來達到完美。因爲如果妳眞的很好，完美應該是一件輕而易舉的事。
- 不能惹火任何人或傷害任何人的感情，但是要坦白說出妳心裡頭的想法。

● 孩子入睡、狗兒休息，家裡整理乾淨後，要充分展現妳的性感魅力，但是去學校參加母姐會時，要盡量收斂性感魅力。而且，不管妳做什麼，千萬別搞混了這兩個角色，妳也知道大家對母姐會上那些太性感的媽媽會有什麼評語。

● 做自己，但是如果眞正的妳很害羞或猶豫不決的話還是算了。沒有什麼比自信更性感的了，尤其當妳又是年輕辣妹的時候。

● 不要讓人覺得不舒服，但是要誠實以告。

● 不要太情緒化，但是也不能太疏離。太情緒化，容易流於歇斯底里；太疏離，又容易淪爲冷漠無情。

美國有一項研究衡量女性符合女性化規範的程度，研究人員最近列出和「女性化」有關的重要屬性，那些屬性包括：溫柔、苗條、端莊，還有不引人關注自己的天分或能力；顧家、顧小孩、投入感情、性愛只限於單一忠誠的關係，把資源投資於外貌。

基本上，我們女性要有意願維持渺小、甜美、安靜，把時間和天分花在打扮自己上頭，而我們的夢想、抱負和天賦都不重要。萬一出了一個能治癒癌症的小女孩，我希望老天千萬別讓她發現了這份屬性清單，別讓她決定遵循那套規範，她要

女性需要擺脱規範，
才能放心展現權力與天賦

是眞那樣做了，我們就永遠不會知道她的天分所在了。這點我很肯定，爲什麼？因爲我訪問的每位成功女性都提過，她們平常需要努力擺脫這些「規範」，才能堅持自己的權力，主張想法，放心展現權力與天賦。

連我都覺得「維持渺小、甜美、安靜和端莊」聽起來過時，但眞相是，女性每次想要提出主張時，還是會碰上這些要求。當我在TEDxHouston演講的影片在網路上爆紅時，我想躲起來，我求我先生駭入TED網站「把影片撤下來！」我想像自己闖進他們存放影片的辦公室，偷走影片，因爲我急得發慌。那時我才意識到，我整個職業生涯總是努力維持個人成就的渺小，我喜歡爲我的讀者群寫文章，因爲對小衆宣傳很簡單，也比較安全。研究迅速傳遍全球是我一直想要避免的情況，我不想要知名度，我怕死網路文化中普遍存在的惡毒批評了。

後來，惡毒的批評的確出現了，主要的批評都強化了那些我們以爲已經過時的規範。某個新聞媒體在網站上分享那段影片，網友爭相在網站的回應區裡留言，評論我的體重（當然囉！）。「她顯然需要先減個十五磅再說，還談什麼個人價值？」在另一個網站上，網友爭論著「崩潰」這個字眼出現在一個母親身上是否恰當，「我覺得她的孩子很可憐，好媽媽才不會崩潰。」另一位網友留言：「少做點研究，多打點肉毒桿菌吧。」

我在CNN.com上發表一篇文章，也出現類似的情況。爲了搭配那篇文章，編輯採用一張我拍的照片，那是我朋友的照片，她在胸前寫下「我夠好了」。那張照片很美，我一直掛在書房裡提醒自己，但是那張照片卻引來網友的毒言攻擊，例如：「她可能覺得她夠好了，但是從那個胸部看來，她還不夠好。」「如果我長得像布芮尼·布朗那樣，我也會擁抱自己的不完美。」

我知道這些例子是殘酷文化的症狀，大家都應該接受公評，但你仔細想想他們選擇攻擊的是什麼以及他們攻擊的方式：他們是針對我的外表和爲人母親的職責——是從女性化的規範中直接挑兩點來攻擊。他們不是攻擊我的學識或論點，因爲那種攻擊還不夠痛。

所以這些社會規範並未過時，即使它們已經簡化了，自卑還是強化了它們的重要性。這也再次提醒我們，爲什麼克服自卑是展現脆弱的先決條件，我覺得我在TEDxHouston演講中放膽展現脆弱的力量了，我大可引用研究，把研究當成盔甲自保，但我沒有，談論內心的掙扎對我來說是很勇敢的事。我之所以仍然站在競技場上（並坐在這裡寫這本書），唯一的原因是我培養了克服自卑的技巧。我很清楚，勇氣對我來說是很重要的價值。

我清楚見證網友的留言如何引發了我的自卑，我可以迅速檢驗這些訊息是否屬

社會規範並未過時，
自卑還是強化了它們的重要性

實。沒錯，那些留言還是令人難過。沒錯，我很生氣。沒錯，我哭腫了眼。沒錯，我想躲起來。但是我讓自己感受那些情緒幾小時或幾天後，我開始接觸外界，和我信任與愛的人談談我的感受，然後我就繼續向前走，覺得自己更勇敢、更包容，與外界更加相連了。（**我也停止閱讀匿名的留言了——如果你沒跟我們一起跨進競技場奮戰，冒著偶爾遭受打擊的風險，我對你的意見也毫無興趣。**）

男性的自卑體驗

我請男性定義自卑或舉例時，他們給我以下的答案：

- 自卑就是失敗軟弱。在工作上、在足球場上、在婚姻裡、在床上、在金錢方面、在小孩方面，不管是什麼，反正自卑就是失敗。
- 自卑就是錯誤。不是做錯，而是你本身就是個錯誤。
- 自卑是感覺到自己有缺陷。
- 當別人覺得你很弱，就會出現自卑感。無法給人剛強的感覺是種屈辱，令人自卑。

- 示弱就是自卑，基本上，自卑就是軟弱。
- 表現出害怕是可恥的。無論如何，你都不能表現出恐懼，也不能害怕。
- 讓別人覺得你是好欺負的，那就是自卑。
- 我們男人最大的恐懼是被批評或被嘲笑，那是極度的自卑。

基本上，男人活在一則無情訊息的壓力下：別被當成弱者。

每次我指導的研究生要訪問男性時，我都會告訴他們先做好心理準備，他們會聽到三件事：高中的事、體育的比喻、還有「娘炮」（pussy）這個字眼。如果你不敢相信我剛剛寫了那個字，我懂，那也是我最不喜歡的字眼之一，但是身爲研究人員，我知道誠實面對出現的資料很重要，而那個字眼在每次訪談中都會出現。不管受訪的男性是十八歲，還是八十歲，只要我問：「自卑傳達的訊息是什麼？」他們的回答都是：「別當娘炮。」

我剛開始撰寫有關男性的研究時，我使用箱子的形象（看起來像裝運箱）來解釋自卑壓抑男性的方式。就像社會要求女性要自然美、要纖細苗條、各方面十全十美一樣——尤其是爲人母親的時候。箱子也有一套規範，它告訴男人什麼該做，什麼不該做，以及他們可以成爲一個什麼樣的人。但是對男性來說，每個規範都歸結

對男性來說，
每個規範都歸結到同一個指令：「不可以軟弱！」

到同一個指令：「不可以軟弱。」

我永遠忘不了我訪問一群大學生時，一名二十歲的男性所說的：「我用箱子講給妳聽吧。」我知道他很高，他站起來以後，那個樣子顯然至少有一百九十三公分，他說：「想像這樣的生活。」他蹲下來，假裝整個人塞在一個小箱子裡。

他蜷縮著身子說：「你其實只有三種選擇，一輩子努力掙脫，對箱子拳打腳踢，希望能打破箱子，你永遠會感到憤怒，永遠都在搖晃著掙脫；不然就是放棄，不管這些狗屁倒灶的事。」這時，他整個人攤倒在地，房間裡一片死寂，幾乎可以聽到針落地的聲音。

接著他站起來，搖頭說：「或是站得高高的，就不會注意到這有多麼難以忍受，那是最簡單的方式。」現場學生聽到「站得高高的」這句話，就像抓住救生圈一樣尷尬地笑了。這種情況在談論自卑或脆弱時經常發生，舒緩了現場的窘迫氣氛。

但是這位勇敢的年輕人並沒有笑，我也沒笑，他的示範是我見過最誠實、最勇敢的事，我知道現場的人都深受影響。在集體訪問結束後，他告訴我成長的經驗。小時候他熱愛畫畫，他說他從小就知道，要是能一輩子投身繪畫，他會很快樂，說到這裡他不禁畏縮了一下。他說某天他和父親與伯父在廚房裡，伯父指著冰箱上貼的畫作，半開玩笑地對他父親說：「怎麼？你現在是在培養娘炮藝術家嗎？」

他說，本來父親對他的創作都沒什麼意見，但那次以後，父親開始禁止他上繪畫課。就連原本一直爲他的天分感到自豪的母親，也同意畫畫「有點娘」。他說，那件事發生的前一天，他才爲他們家的房子畫了一張圖，至今那是他的最後一張畫作。當晚，我難過地爲他流淚，也爲永遠沒機會看他作品的人感到遺憾。我經常想起他，希望他已經重拾繪畫的樂趣，我知道那對他來說是很大的損失，我也相信那是這世界的損失。

別管幕後藏鏡人

後來我愈來愈瞭解男性和他們的自卑經驗，不過我依舊看到一個裝運箱，上面貼著大大的標示寫著：「警告：別被當成弱者。」我看到小男孩一出生就拿到一個箱子，當他們還小時，那箱子不會太擠，他們可以在裡頭移動、哭泣，黏著媽媽。但是隨著年齡成長，箱子裡活動的空間愈來愈小。等他們長大成人後，那箱子顯得窒礙難移。

男性也像女性一樣受到雙重束縛。過去幾年，尤其是經濟不景氣以後，我開始當匱乏感席捲文化時，大家承受的壓力不止是「別被當成弱者」還有「最好要強過別人」

看到類似《綠野仙蹤》裡的箱子。我說的是用帷幕掩蓋起來的箱子，巫師就站在裡頭操弄「強大」的奧茲大帝形象。當匱乏感席捲我們的文化時，現在大家承受的壓力不止是「別被當成弱者」，還有「最好要強過別人」。當我訪問一位遭到裁員而自慚形穢的男人時，腦中第一次浮現那種形象。他告訴我，「可笑的是，我父親知道，我兩個最要好的朋友知道，但我太太不知道：我已經失業六個月了，每天早上我還是穿戴整齊離家，像要去上班一樣。我開車經過市區，坐在咖啡店裡，開始找工作。」

我很擅長訪問別人，但我可以想像當時我的表情可能傳達了「你究竟是怎麼辦到的？」的訊息，所以他不等我先問，就直接回答：「她不想知道我失業，即使她已經知道了，也會希望我繼續假裝下去。相信我，如果我找到工作，回到職場之後再告訴她，她會很感激我。讓她知道失業這件事，會改變她對我的看法。她嫁給我不是來面對這種事的。」

我沒想到我會一再聽到男性表示，他們生命中的女性（母親、姊妹、女友、妻子等等）常因為他們不夠敞開心胸、不展現脆弱和親密的一面而批評他們，卻又同時站在那狹隘的箱子前面，看著他們的男人蜷縮在箱裡，然後調整帷幕，以確定**沒有外人能看穿帷幕，但也沒人能逃出那個箱子**。某次在我訪問完一群男性後，開車回家的路上，腦中甚至閃過一個念頭：「天啊，原來我才是家中的老大。」

我研究男性時，總是看到一種令人難過的形態：我們一方面要求男性展現脆弱的一面，懇求他們讓我們走進他們的心扉，請他們告訴我們何時感到害怕——但多數女性其實受不了那些狀態。當男人真正展現脆弱時，女性大多畏縮恐懼，她們表達恐懼的方式從失望到嫌惡，不一而足。男人很聰明，他們知道這種風險，一眼就看出我們心裡在想：「拜託！振作一點，有點男子氣概！」我的人生導師兼教會院長喬・雷諾茲（Joe Reynolds）某次和我談到男性，談到他們的自卑和脆弱時曾說：「男人知道女人真正想要的是什麼，她們希望我們假裝坦誠脆弱。所以我們很善於假裝。」

內隱的自卑和外顯的自卑一樣痛苦。例如，一位男性告訴我，當他面對妻子時，金錢方面總是感到自卑。他說最近一次的例子是妻子回家對他說：「我剛剛去看了凱蒂的新家！那房子棒極了，能住進夢想中的房子她好高興，而且明年她打算辭職不上班了。」

他說他當下的反應是發飆，所以就挑丈母娘來訪的事和妻子吵了一架，然後迅速閃到另一個房間裡。我們聊到那次對話內容時，他說：「那就是自卑。她何必要那樣說？我知道凱蒂的先生很會賺錢，把她照顧得服服貼貼的，我比不上。」

男性的自卑反應主要分兩種：
「發飆」或「自我封閉」

當我問他，他是不是覺得妻子有意傷他或讓他難堪，他回應：「我不知道，天曉得？我回絕一份高薪但需要每個月出差三週的工作，她說她支持我，因爲她和孩子會很想我，但現在她又動不動就談錢的事。我不知道該怎麼想。」

發飆或冷戰

我不想把複雜的自卑反應過度簡化，但我必須說，男性的自卑反應主要分兩種：發飆或自我封閉。當然，男性像女性一樣，克服自卑後，這種情況就會改變，男人會學著以覺察、包容、同理心來因應自卑。但是在一時不察下，當男人突然感覺到自己的不足和渺小，通常會以發飆或冷戰來回應。

我收集足夠的訪談結果，看出明顯的形態和主題後，開始約訪幾位專門處理男性議題的男性治療師。我想確定我不是根據自身的經驗來篩選我從男性身上聽到的想法。我詢問其中一位治療師有關「發飆或冷戰」的概念時，他分享了一個故事來說明這點。

他讀高一時，參加校內美式足球隊的遴選，獲選加入球隊。第一天練習時，教練要求他們在攻防線上排成一排，他從小在鄰里間玩美式足球長大，但這是他第一次全副武裝站在場上，面對另一群只想把他擊垮的男孩子。他說：「我突然感到害怕，想到被擊垮會有多痛，我想，當時的害怕一定也表現在我臉上。」

他說，當時教練大喊他的名字說：「少娘炮了！就定位站好！」他說他馬上覺得全身上下充滿自卑感，「當下，我突然明白這個世界運作的方式，還有對男人的定義」：

「我不准害怕。」

「我不准表現出恐懼。」

「我不准脆弱。」

「自卑就是害怕，表現出恐懼，還有脆弱。」

我問他後來做了什麼，他正眼看著我說：「我把恐懼轉爲憤怒，強行壓過面前的傢伙。這招效果太好了，所以後續的二十年，我總是把恐懼和脆弱轉爲憤怒，強行壓過擋在我前方的人，包括我太太、孩子、員工等等。我沒有別的方法走出恐懼和自卑。」

他對我述說時，聲音清楚，語氣悲傷。我完全可以理解，恐懼和脆弱是強烈的情感，無法只是暗中希望它們自行消失，必須有所反應。事實上，很多男性談到「發飆或冷戰」時，都使用偏向生理面的描述，彷彿自卑、被批評、被奚落是身體難以承受的衝擊。

那位治療師最後總結：「當我的憤怒和酗酒問題再也控制不了，開始危及我的婚姻和親子關係時，我開始接觸治療，那也是我踏入這行的原因。」

克服自卑的重點（上一節提過的四要件）在於找到中庸之道，找到一個讓我們持續參與的方式，一種符合我們價值觀的情緒勇氣來加以因應。

嚴以律己，也嚴以待人？

就像前面提到父親壓抑有藝術細胞的兒子、教練逼迫球員一樣，女性也可能對其他的女性過分苛求。我們逼迫他人是因爲我們苛求自己，批判就是這樣運作的。找個對象來貶低、評判或批評，讓我們得以掙脫束縛自己的那張網，或把大家的注意力引開那個箱子。我們心想：如果你比不上我，我存活的機率就會比較高。

我們逼迫他人是因為我們苛求自己，
「批判」就是這樣運作的

史蒂夫和我去學了救生和游泳指導，救生的一大規則是：在跳入水裡把對方拉出水面之前，要盡可能先使用一切其他方法救援。即使你是游泳好手，溺水者的體型只有你的一半，一個身陷溺水的人還是會竭盡所能求生，包括把你壓下水。女性和束縛我們的自卑網絡也是一樣的道理。我們拚命想要掙脫那張網，所以持續讓周遭的人成爲比我們更應該被吞噬的獵物。

諷刺的是（也許這也是天性），研究告訴我們，我們在容易感到自卑的領域會特別容易評判他人，尤其是挑選一個不如我們的人。如果我對自己的教養方式感到自豪，我會對評判他人毫無興趣。如果我對自己的身材感到滿意，我也不會到處去嘲笑別人的體重或外表。我們之所以苛責他人，是因爲我們將彼此作爲掙脫自卑的跳板。那不僅傷害他人，也對自己無益。如果你觀察中學時期的女生毒舌文化，會發現那種行爲還具有感染力，我們已經把這種虛假的求生機制傳給了孩子。

我訪問學校的教職員時，發現有兩種形式和這個議題直接相關。第一種形式是有霸凌傾向，或喜歡藉由貶低他人以爭奪社交排名的孩子，他們的家長大多也有同樣的行爲。如果是女學生，教職員在訪談中一再提到的評語是：「家長對女兒的行爲並不在意，他們對於女兒在學校的人氣不錯，還挺驕傲的。」一位教職員說這種行爲就像當孩子打架，父親到校時竟劈頭就問：「他打贏了嗎？」

另一種形式是近年來才出現的，那就是孩子開始出現這種行爲的年紀。我開始做這方面的研究時，霸凌還不是熱門話題，但是身爲自卑研究學家，我注意到這是

陷入自卑時，
不能詆毀跟我們一樣身陷其中的人，而是要攜手一起走出來

個愈來愈常見的趨勢。事實上，十幾年前我投書《休士頓紀事報》（*Houston Chronicle*）談到霸凌和眞人實境秀，當時我把焦點放在青少年上，因爲資料顯示霸凌主要是出現在青春期。但過去幾年，我聽到國小一年級的男女生就已經有這類行爲。

我們該如何打破這種隱伏的趨勢？或許我們應該教孩子，陷入自卑時，解決之道不是詆毀跟我們一樣身陷其中的人，而是攜手一起走出來。例如：如果我們在超市推著購物車經過另一位母親，她的孩子正大肆尖叫，把麥片扔灑在地上。這時我們有所選擇：如果我們想藉機肯定自己比她好，當確定了她正卡在網中，但我們自己沒卡住，我們會翻白眼，受不了地走開。另一種選擇是對那個母親展現出「妳不孤單，我也碰過」的微笑。因爲我們知道她的感受。沒錯，同理心需要展現一些脆弱，我們是冒著對方回應我們「多管閒事」的表情，但那是値得的。那不止幫她鬆開束縛她的大網，也爲我們自己下次遇到同樣情況的時候鬆綁。而且妳肯定會遇到。

我之所以對大家願意伸出援手、互相幫忙還抱持著希望，是因爲我遇到愈來愈多男女願意冒著展現脆弱的風險，分享他們克服自卑的故事。我在正式和非正式的輔導計畫中都看到這種現象，也看到部落客和讀者分享經驗，我看到學校和課程愈來愈不漠視學生霸凌，也要求教職員和家長爲孩子的行爲負責。我看到大家開始要

求成人以身作則，爲小孩示範如何全心投入生活。

目前社會正靜靜地轉型，從「針鋒相對」變成「相互傾訴」，那種轉變無疑需要克服自卑情緒。如果我們願意放膽展現脆弱的力量，冒險對彼此展現脆弱，自信就能解放我們，讓我們掙脫那張大網。

非關肥肉：男女、性愛和身體意象

二〇〇六年，我和二十二位社區大學的男女學生見面，談論自卑，那是我第一次進行大團體的男女合訪。訪談期間，一名二十出頭的年輕男子說，他最近從軍隊退伍後，發現妻子外遇就離婚了。他說他對於妻子外遇並不意外，因爲他老是覺得「自己配不上她」。他說他常問妻子需要什麼，想要什麼，每次他快滿足她的需求時，她「又把標準提高了」。

班上另一位女同學發言：「男人也一樣啊，他們也永遠不會滿意，我們永遠不夠美、不夠性感，也不夠纖細。」於是全班開始討論起身體意象和性愛，大家討論的焦點主要是：當你擔心自己身材不夠好時，和你在意的人發生親密關係爲什麼會令人如此畏懼。引起大家討論的女生說：「做愛時很難一直吸氣縮小腹，當我們擔

社會應靜靜地轉型，
從「針鋒相對」變成「相互傾訴」

心背部的肥肉時，要怎麼盡興？」

剛剛提到自己離婚的男子拍桌大喊：「那根本和背部的肥肉無關！妳們擔心，但我們根本不在意！」全班都靜了下來。他深呼吸後說：「不要再捏造我們心裡怎麼想了！我們心裡眞正想的是：『妳愛我嗎？在乎我嗎？想要我嗎？我對妳來說重要嗎？我夠好嗎？』那才是我們心裡想的。講到性愛，我們感覺好像賭上性命似的，妳們擔心的卻是那些無稽之談？」

這時，班上半數的男性都很激動，把臉埋在雙手中。幾個女生流了眼淚，我自己則是覺得難以呼吸。剛剛掀起身體意象這個話題的女生說：「我還是不懂，前男友老是批評我的身材。」

剛剛那位讓大家說不出話來的退伍男士說：「那是因爲他是個混蛋，不是因爲他是男人。我們有些人就只是男人。饒了我們吧，拜託。」

班上一位中年男子加入討論，他雙眼緊盯著桌面說：「沒錯，當妳們想跟我們親密接觸時……會讓我們覺得自己更有價值，感覺自己更挺拔，更有自信。我也不知道爲什麼，但那是眞的，我從十八歲結婚至今，對我太太的感覺還是那樣。」

在那之前，我從來沒想過男性對性愛會感到如此脆弱，我從來沒想過那攸關他們的自我價值。我不了解，所以我又訪問了更多男性對性愛、自卑、自我價值的看法，包括一些心理專業人士。我最後一次做那個主題的訪問時，是訪問一位治療師，他提供男性諮詢已經超過二十五年。他解釋男性從八到十歲開始，就學到主動求歡是他們的責任，而求歡遭拒，很快就變成一種男性羞恥的象徵。

他解釋：「即使是我自己，當我太太沒興趣親密時，不管我知不知道她沒心情的原因，我還是得努力克服那股自卑感。我會感到脆弱，那很不好受。」當我問他對成癮和色情方面的研究時，他的答覆讓我用全新的觀點瞭解那個議題。他說：「只要花五美金，五分鐘，就能獲得你需要的，而且又不用冒著被拒絕的風險。」

那回答之所以對我來說有如大夢初醒，是因爲那和女性所想的截然不同。我訪問女性十年了，知道女性覺得男性會接觸色情，是因爲覺得她們的外表不夠好或缺乏性愛技巧。這位睿智的男性在接受我訪問的最後說：「我想，這當中有個祕密，那就是多數男人其實恐懼性愛。所以市面上才會有麼多色情和暴力的東西，這顯示出男性渴望施展權力與控制。因爲被拒絕實在太痛苦了。」

當我們碰上誘發自卑的因子，掀起自慚形穢的風暴時，幾乎不可能培養任何親密關係——無論是在身體或情感上。有時那些羞愧感會直接衝擊性愛和親密關係，但是通常也會出現魔怪，破壞我們的感情。常見的議題包括身體意象、老化、外貌、金錢、親子教養、母職、精疲力竭、怨恨和恐懼。當我問夫妻和伴侶面對這些

我們必須能夠坦白地說出感受、需要與渴望，
無法展現脆弱，就無法拉近親密關係

敏感和私密的議題時，如何做到全心投入、全心付出，我常聽到一個答案：誠實關懷的對話，需要大量展現脆弱。我們必須能夠坦白地說出感受、需要與渴望，並敞開心胸聆聽。無法展現脆弱就無法拉近親密關係，這也是另一個展現脆弱的力量的最佳例證。

話一出口，覆水難收

「距離太近不適合射飛彈，我要改用機槍。」《捍衛戰士》（*Top Gun*）

我和夫妻對談時，可以清楚看到自卑情緒為何是扼殺夫妻關係最強大的力量。女性覺得自己的想法沒人聆聽或認同時，她們會感到自慚形穢，常訴諸言詞挑釁和批評（「為什麼你老是做得不夠多？」或者「你事情沒有一次做對的。」）相對的，男性因為受到批評而感到自卑時，他們常封閉自己，冷戰以對（導致女性進一步的挑釁和批評）或憤怒還擊。

我和史蒂夫剛結婚那幾年，常陷入這種形態。我記得有一次我們吵得不可開交，我連罵了十分鐘後，他轉過來對我說：「二十分鐘以內不要來煩我，我講完

了，不想再吵了。」他關起門並上了鎖，我氣炸了，敲門大喊：「給我出來，跟我吵。」當下我可以看出發生了什麼事，他正打算冷戰或發飆，我則是覺得沒人聽我說話，受到誤解。結果是兩敗俱傷。

史蒂夫和我現在結婚十八年了，今年我們要慶祝交往二十五週年，他無疑是我這輩子最大的福氣。結婚時，我們都不知道美滿婚姻是什麼樣貌，也不知道需要付出什麼。如果你今天問我們夫妻關係的關鍵是什麼，答案是展現脆弱、愛對方、幽默感、尊重對方、不帶自卑情緒的爭吵、不怪罪對方的用心生活。我們是從嘗試錯誤中學會部分的道理，但我們也從我的研究，以及勇敢和我分享的受訪者身上學習。我對他們充滿了感激。

我想我們都同意自卑是一種痛苦的感覺，但我們往往沒想到讓人覺得自慚形穢也一樣椎心刺痛，而且來自伴侶或父母的羞辱，比來自任何人的羞辱更正中痛處。他們是最瞭解我們的人，目睹我們的脆弱與恐懼。幸好，當我們羞辱我們愛的人時，我們可以道歉，但是那些話語終究會留下傷痕，而且羞辱他們的脆弱是最嚴重的信任破壞，即使事後道歉了，也已經造成嚴重的創傷，因爲我們把他們的痛處當成武器。

在《不完美的禮物》中，我提到我根據研究的資料，歸納出「愛」的定義：

夫妻關係的關鍵是什麼，答案是：
展現脆弱、不帶自卑情緒的爭吵、不怪罪對方的用心生活

當我們讓人洞悉與瞭解我們最脆弱也最強大的自我，並珍惜那份因信任、尊重、體貼、情感而產生的心意相連時，就是在培養愛。

愛不是靠施予或取得的，只能靠培養來日益滋長，那是只有雙方都抱持愛意時才能培養的連結。我們珍愛他人的程度，頂多只能和珍愛自己的程度一樣。

羞辱、責備、不敬、背叛和壓抑，都會從根本破壞愛的成長。唯有承認、療癒、撫慰這些傷害時，愛才得以留存。

歸納出這樣的定義，是我做過最難的事情之一。專業上來說，想定義像愛這樣宏大、重大的東西似乎很囂張，那感覺應該交由詩人和藝術家來做。我的動機不是要「一語中的」，而是抛磚引玉，起個頭來談談我們需要且想要從愛中獲得什麼。我不在乎我是否錯了，但我們來談談愛吧，我們來談這個爲我們生活帶來意義的經驗。

我自己也爲這些資料苦惱了許久，我一再聽到愛別人之前，要先愛自己，我討厭這種說法。有時候愛史蒂夫和孩子比愛我自己容易多了。接納他們的古怪之處比珍愛我個人的缺陷容易許多，但是過去幾年力行珍愛自我後，我可以說，那樣做眞

的讓我和家人的關係深厚許多，讓我用全新的方式勇敢展現自我，展現脆弱，而那就是愛的眞諦。

我們思考自卑和愛時，最迫切的問題是：我們是否落實愛這件事？多數人都很會「說愛」，有時候一天說個十次，但我們眞的身體力行了嗎？我們有做回那個脆弱的自我嗎？我們有對伴侶表現出信任、體貼、情感和尊重嗎？我們的關係出問題不是因爲沒有說出愛，而是沒有眞正去實踐而導致傷害。

活回真實的自己

還記得我在本章前面提到，研究人員發現，我們的文化將隨和、纖細、端莊等屬性，和女性化特質聯想在一起嗎？當研究人員觀察美國把哪些屬性和男性化特質聯想在一起時，發現以下特質：獲勝、掌控情緒、冒險、暴力、主導性、花心、自立、工作擺第一、凌駕女性、鄙視同性戀、追求地位。

瞭解這份清單及其意義，對瞭解自卑和克服自卑很重要。我在本章一開始說過，自卑是普遍的體驗，但是讓人自卑的訊息和社會期待則因性別而異。上述的女性化和男性化分類方式，就是讓人類感到自卑的基礎，原因如下：如果女性想照著

我們的關係出問題不是因為沒有說出愛，
而是沒有真正去實踐而導致傷害

規矩辦事，她們需要展現甜美、纖細、美麗，緘默，當個完美的母親和妻子，不能擁有權力。稍有不符合這些預期，砰！自卑網就逼近了。相反的，男人需要停止感受，開始努力賺錢養家，拚死拚活往上爬。一旦你掀開箱子的蓋子稍微透透氣，或是拉開一點帷幔想看看情況如何，砰！自卑感馬上襲來，讓你縮回去。

我想這裡也應該補充一點，對男人來說，有一則文化訊息也導致他們恐懼同性戀，對同性戀不友善。如果你想在美國的文化中展現男子氣概，光是異性戀還不夠，還必須明顯展現你厭惡同性戀社群。在研究中，這種「如果你想加入我們的陣營，就**必須照著做，或者討厭那些人**」的概念是自卑情緒的主要基礎。

不管那個陣營是教會、幫派、三姑六婆或男性化族群，要求成員必須討厭、撇清或疏離其他團體才能獲得「歸屬感」，都是爲了掌控和握有權力。任何堅持你必須鄙視他人才能加入的團體，我認爲都必須去質疑當中有何意圖。那種入會要求可能僞裝成一種歸屬感，但眞正的歸屬感並不需要你去鄙視他人。

當我看到男性化的那十一項特質時，我發現自己並不想和那樣的男性廝守終生，也不想那樣教養我的兒子。以那些特質爲基礎建構的人生，讓我聯想到「**孤獨**」這個詞以及《綠野仙蹤》當中的形象。他不是眞實的人，沒有人性需求，只是投射出男性該有的「強大」形象——孤獨、疲憊又勞心耗神。

我和擅長克服自卑的男女對談時，發現他們都很清楚這些特質清單，隨時謹記這些狹隘的定義，只要自卑感開始找上他們，或發現自己自慚形穢時，就會自行檢查這些「規範」是否屬實，接著落實克服自卑的第二要件：批判性覺醒。基本上，他們都可以刻意選擇不按照規範行事。

當自卑的男性說：「我必須進行裁員的時候，不該感情用事。」想辦法克服自卑的男性則會回應：「我才不甩那套，我和這些人共事五年了，我認識他們的家人，我當然可以關心他們。」

當自卑感在出差的職業婦女耳邊說著：「你不是好媽媽，因爲妳會錯過兒子的戲劇表演。」

職業婦女會回應：「我聽到了，但我今天不想再聽你囉嗦，我當母親稱不稱職，遠非一場戲劇表演所能衡量。所以你可以閃一邊了。」

當我們遵守這些按性別定義的社會規範時，最容易強化這些自卑因素。社會上的男男女女如此定義我們的人際關係：「我扮演好我的角色，你扮演好你的角色。」研究顯示，那樣的角色扮演到了中年，幾乎令人難以承受。男人覺得情感愈來愈抽離，因爲對失敗的恐懼讓他們麻木。女人感到精疲力竭，因爲她們第一次明白那些期待根本不可能達成。社會規範用來吸引人們的成就、美譽和收穫，愈看愈像是把

如果我們想克服自卑與重建關係，
展現脆弱是方法，而勇氣，則是指引我們的光芒

靈魂賣給惡魔的交易。

自卑是因爲害怕中斷連結，怕自己不被愛，找不到歸屬感。當你記住這點時，就很容易明白爲什麼那麼多中年人會把生活重心過度放在孩子身上，或者每週工作六十小時，甚至搞外遇、上癮、疏離。我們開始崩解，那些助長自卑的社會期待和社會訊息，讓我們無法充分了解自己。

如今，我回首過往，對願意和我分享的男男女女充滿感激。我很感謝那些勇敢說出以下話語的人：「這些是我的祕密和恐懼，這是祕密和恐懼讓我臣服的經驗，這也是我學會再度看重自己的方法。」我也很感謝那位穿著黃色Izod牌毛衣的男士，他的勇敢示弱和坦白啓動了我的研究，從此改變了我的職業生涯，更重要的是，也改變了我的人生。

當我回顧我從自卑、性別、自我價值中學到什麼時，我得到的最大啓示是：如果我們想克服自卑與重建關係，展現脆弱是方法，而勇氣，則是指引我們的光芒。放棄「**我們非得怎樣不可**」的清單是一種勇氣。在走向眞實自我的過程中珍愛自己並相互支持，也許更是脆弱的力量的最佳詮釋。

最後，我想節錄自一九二二年瑪格利·威廉斯（Margery Williams）的經典童書《絨毛兔》（*The Veleteen Rabbit*）來作結。當去年友人笛笛·帕克·萊特

（DeeDee Parker Wright）寄給我這段文字，並附註：「這就是全心投入的眞諦。」我完全認同。那個故事巧妙地提醒我們，當我們知道自己獲得愛時，就更容易展現眞實的自己：

「你是不是眞的，和你是用什麼材質做的沒有關係，」皮革馬說，「而是發生在你身上的事。當小朋友愛你很久很久，不只是跟你玩，而是眞的很愛你時，你就會變成眞的了。」

「那會痛嗎？」絨毛兔問。

「有時候會，」皮革馬說，一如往常般眞誠。「當你變成眞的，變得眞實之後，就不會在意那種痛了。」

「那是痛一次，像上緊發條那樣嗎？」他問，「還是一點一滴慢慢發生的？」

「不是一次轉變的，」皮革馬說，「你會逐漸改變，那需要很長的時間，所以不常發生在容易碎掉、稜稜角角，或需要細心呵護的人身上。一般來說，當你變得眞實之後，你的毛會脫落，眼珠會掉下來，身上縫合的地方會鬆脫，會體無完膚，但是那一點都不重要，因爲一旦你變成眞實的，除了那些不了解你的人之外，沒有人會嫌你醜了。」

第4章

防衛脆弱的武器

小時候，我們想辦法讓自己不要脆弱，保護自己不要被傷害、被貶低，不要希望破滅。我們穿上盔甲，以思想、情緒和行爲作爲武器，學會情感抽離，甚至學會冷漠。長大以後，我們發現如果想要成爲我們希望的樣子，需要活得有勇氣、有意義，能夠與人建立連結——我們必須展現脆弱，卸下盔甲，放下武器。站出去，讓大家都看見眞正的你。

Persona（人格）這個字來自希臘語的「舞台面具」。在我的研究中，面具和盔甲都是巧妙的比喻，用來形容我們保護自己，避免自己的脆弱和不安。面具雖然不透氣，但是戴了感覺比較安心；盔甲雖然沉重累人，但穿起來感覺比較強壯。諷刺的是，當我們站在穿戴面具或盔甲的人面前時，我們卻會感到失望與疏離。那就是矛盾所在：**我最不希望你看到的，是我的脆弱。但我卻最想看到你的脆弱**。

如果我要導演一齣戲劇是關於防衛脆弱的武器，那場景會設在高中的餐廳，角色是十一、十二和十三歲的我。我選擇這個年紀，是因爲成人身上的盔甲比較難以辨識，盔甲穿戴久了，會跟我們融爲一體，最後再也難以分辨，猶如第二層肌膚一般。面具也是一樣，我訪問過的數百人也提出同樣的恐懼：「我現在不能摘下面具了，沒人知道眞正的我是什麼樣子，我的伴侶、孩子、朋友都不知道，他們從來沒見過眞正的我，連我都不記得面具底下的我是什麼樣子了。」

十歲左右的孩子則不一樣。中小學交界的時候，多數人開始嘗試不同的自保形式。年少時，盔甲穿戴在身上仍然不太合身，舉止不太靈巧。孩子掩飾脆弱和自我懷疑的方式仍顯得笨拙，所以外人很容易看出他們穿戴什麼盔甲，以及穿戴盔甲的原因。多數的孩子沒想過盔甲有多重或面具有多不透氣，就一下子穿戴上這些自保措施，然後一下子脫下，有時候甚至會同時說出以下的話：「我才不在乎那些人怎

面具和盔甲都是巧妙的比喻，
用來形容我們保護自己，避免脆弱和不安

麼想，他們太笨了，跳那種舞很蠢……你可以打電話問一下他們的媽媽，問他們穿什麼嗎？我也想去跳舞。」

少女時期，我放學後似乎都在探索這些事情。我們可以看到學校裡有一些毒舌男生，他們其實只是希望自己獲得接納，還有一些喜歡炫耀自己什麼都懂的女生，她們裝出無所不知的樣子，只是想掩飾父母剛離婚的事實。現在我們成年了，自保的機制可能比以前更複雜，但我們大多是在那青澀年代就學會穿戴盔甲，很多人都可以在瞬間回到過去的情境。

根據我自己的經驗，我可以告訴你，現在我教導讀中學的女兒時，最困難的是面對我內心那個國一的自己，那個手心冒汗、笨拙不堪的女孩。當時的我直覺上只想閃躲與逃避，每次看到艾倫在自我掙扎時，就感覺到那股逃避的衝動又悄悄襲來。我發誓有時候她描述學校的情況時，我幾乎可以聞到以前中學餐廳的氣味。

無論我們是十四歲，還是五十四歲，我們的盔甲與面具都和我們想要極力壓抑的脆弱、不安、痛苦一樣，是個人化，也是獨特的。所以當我發現每個人的自保機制竟有幾分相似時，我非常訝異。我們的盔甲可能是量身訂製的，但某些部分還是一樣。當我們打開存放自衛武器的房門時，會看到比較常見的零星物件，也會看到比較不常見、但通常很危險的自衛武器。

如果你像我一樣，你也會想拿這些資訊，開始探索和分類。看到這些共通的自保形式從資料中顯現時，我第一個本能反應是爲這些行爲分門別類，爲周遭的人貼上刻板印象的標籤：「她就是戴這種面具，我鄰居就是穿這種盔甲。」想要分門別類及過度簡化是人之常情，但我覺得這樣做抓錯重點了，因爲每個人的防禦機制都不只一種。我們大致上都可瞭解，多數的自保形式取決於我們所處的情境。我希望的是，窺探這個武器庫，能夠幫助我們洞悉自我，瞭解自己如何自保，同時了解何時開始使用這些防衛機制？如何使用？還有怎樣我們才會卸下盔甲？

告訴自己「已經夠好了」

對我來說，這項研究中效果最強大的部分，就是發現讓人脫下面具與盔甲的方法。我以爲針對每種自保機制都會有一種獨到的對策，就像我在《不完美的禮物》中提出的十項指標一樣，但其實不然。

在第一章中，我談到匱乏的相反是「自足與知足」，匱乏的屬性包括自卑、比較和抽離。我發現相信自己「已經夠好了」正是脫下盔甲的方法，這個方法能允許我們摘下面具。有了「自足」的感覺就能接納自我價值，設下底線，然後全心投入

有了「自足」的感覺就能接納自我價值，設下底線，然後全心投入生活

生活。受訪者分享的卸甲對策都是以此爲核心：

- **當你擺盪在「肯定自我」和「自慚形穢」之間**：告訴自己，我已經夠好了。
- **當你擺盪在「設下底線」和「想要更勝一籌」、「跟別人比較」之間**：告訴自己，我覺得夠了，要適可而止。
- **當你擺盪在「投入」和「抽離」之間**：告訴自己，冒個險，展現自己，讓大家看見眞正的你，這樣就夠了。

在你看這個章節的時候，我想，讓你知道我訪問過的每個人都有對抗脆弱的經驗，應該會很有幫助。其實這世上沒有人能那麼幸運，得以毫無保留、毫無猶豫或毫無恐懼地坦然接納自己的脆弱。說到不確定性、風險和情緒衝擊，我一再聽到的經驗分享是：很多人都是在試著防衛自己之後，才終於卸下盔甲，接納自己的脆弱：

- 「我第一個直覺反應是＿＿＿＿，但是那樣沒用，後來我＿＿＿＿，從此改變了我的人生。」

●「多年來我總是＿＿＿＿，直到有一天我試著＿＿＿＿，那樣做讓我的婚姻更加融洽。」

去年我對三百五十位特警部隊的警官、保釋官和獄警演講，談脆弱這個議題。（沒錯，實際情況就像聽起來那麼嚇人）。演講結束後，一位特警部隊的警官走向我，對我說：「我們聽妳的演講只有一個原因，因為妳和我們一樣不善於敞開心房，如果妳從來沒有過掙扎著面對脆弱的經驗，我們根本不會相信妳。」

我不僅相信他的說法，也完全認同。我對這裡寫的對策有信心，是基於兩個原因。第一，和我分享這些故事的受訪者，也曾痛苦地面對那隻我們都遭遇過的魔怪，遭遇過不安和自我懷疑。第二，我自己在生活中試過這些對策，我知道它們不只改變了我們的應對方式，更是我們的人生救星。

我即將介紹三種自保的方法，我稱它們是「常見用來防衛脆弱的武器」，因為我發現我們都會以某種方式穿戴這些盔甲。這三種自保方法分別是「**打預防針**」，也可說是一種壓抑快樂的矛盾恐懼；「**完美主義**」，也可說是自認凡事完美就永遠不會感到自卑；「**麻痺自己**」，也可說是接納任何能夠消除不安和痛苦的方法。我在說明每種自保方法後，會接著談「展現脆弱的力量」的對策，這些對策都是從「告訴三種自保方法分別是：
「打預防針」、「完美主義」、「麻痺自己」

自己已經夠好了」的概念演變而來的，可以幫我們卸下這三種常見的防備。

常見的脆弱防衛方法

第一面防衛盾牌：打預防針

由於我專門研究自卑、恐懼、脆弱等情緒，所以我沒料到有一天我會告訴大家，探索喜樂的概念竟然會徹底顛覆我的專業和私生活，但這千眞萬確。事實上，研究這種感覺幾年後，我會說「喜樂」可能是最難眞正感受的情感，爲什麼？因爲當我們無法展現脆弱，或沒有意願展現脆弱時，喜樂就會變成一種我們戒愼恐懼的情感。小時候我們是滿心歡喜地去快樂，後來不知不覺中，我們逐漸對快樂產生不祥的預感，我們甚至不知道自己出了什麼事，也不知道爲什麼會這樣。我們只知道我們渴望生活中有更多的幸福。我們不快樂。

在深切匱乏感的文化中，大家老是覺得不夠放心、不夠確定、不夠肯定，所以高興的時候會感覺「事情肯定沒那麼簡單」。我們早上起床以後心想：「工作順利，家人健康，沒什麼重大危機，房子堅固，我在運動，感覺很好……噢，該死，這不太對勁，很不對勁，樂極一定會生悲。」

又或者，當我們獲得升遷時，第一個想法是：「事情太順利就一定不是真的，這裡面肯定有什麼玄機。」發現自己懷孕了，心想：「我的女兒現在健康快樂，所以這一胎肯定會出什麼狀況，反正我就是有不祥的預感。」全家第一次去度假，你一點也不興奮，而是心想萬一墜機或沉船了該怎麼辦。

「我們老是在等著另一隻鞋落地」（意指「未爆彈」），這個片語源自於一九〇〇年代初期，那時的新移民蜂擁到城市裡，擠身在廉價狹小的租屋內，可以清楚聽到樓上鄰居夜晚把鞋子脫下來的聲音。當你聽到第一隻鞋子落地，就會等待另一隻鞋的落地的聲音。即使如今的世界在很多方面都比二十世紀初期安全多了，我們也比那年代的人長壽多了，我們卻覺得現在冒的風險比以前還多。我們現在把另一隻鞋想像成可怕的東西，例如恐怖攻擊、天災、超市爆發大腸桿菌疫情、校園槍擊事件等等。

我問受訪者什麼是他們最脆弱的經驗，我沒料想到「喜樂」竟然會出現在他們的回答之中。我有預期到會聽見恐懼和自卑，但沒想到會是生命中的幸福時刻。當大家分享下面的例子是他們最脆弱的時刻，我嚇了一跳：

人們最脆弱的經驗，
是生命中的幸福時刻

- 站在一旁看著孩子熟睡
- 承認自己有多愛我先生（或太太）
- 知道自己做得多棒
- 熱愛我的工作
- 和父母相處的時光
- 看著父母和自己的小孩相處
- 想到自己和男朋友的感情
- 參與和投入
- 病痛減輕
- 懷孕
- 升遷
- 快樂
- 陷入愛情

聽到這些回答時，我不僅嚇了一跳，也知道這下麻煩大了。

在我二〇〇七年崩潰心靈覺醒以前，「打預防針」其實是我無意間常穿戴的盔甲之一。當我第一次把脆弱和受訪者提到喜樂的時刻連結在一起，我幾乎無法呼吸。我總是以爲預想災難發生及如何因應，只是我個人的小祕密。我以爲只有我會站著看孩子熟睡，前一秒充滿了愛，下一秒卻想像他們出了什麼可怕的事。我曾以爲只有我會去想像自己發生車禍，然後去演練和警察間的可怕通話。

我第一次聽到的故事，是一位快五十歲的婦女分享的：「我以前會想著每件事，然後去預期可能發生的最慘狀況。」她告訴我，「我會眞的去預想最慘的狀況，然後試圖掌控一切結果。我女兒申請到夢寐以求的大學時，我心想她離家那麼遠肯定會出事。所以上大學前的那個暑假，我一直說服她唸附近的大學就好，那樣做粉碎了她的信心，也完全抹煞了那年暑假的快樂。那是一次痛苦的教訓。現在的我只會暗中祈禱，心存感激，卯足全力把災難的想像拋到腦後。可惜，我已經把這種負面想法傳給我女兒了，她現在愈來愈怕嘗試新事物，尤其當一切都好的時候，她會說她不想『自找麻煩』。」

一位六十出頭的男性告訴我：「我曾經認爲過日子的最好方式，就是先去預期最糟的情況，那樣一來，萬一出事了，我已經做好準備。如果沒發生什麼事，還可以得到意外的驚喜。後來我和太太出了車禍，我太太不幸喪生，不用說，預期最糟狀況根本沒讓我做好心理準備，更慘的是，我現在仍然會想到我們共有的美好回

想要沉浸在生命的喜悅時刻，
就需要展現脆弱

憶，然後難過自己當時沒有盡情享受那一刻。我對她的承諾是，現在我要盡情享受每一刻。我只希望她還活著，因爲我知道怎樣做才是對的了。」

這些故事說明，用「打預防針」來減低脆弱感，其實只是在「預先排演悲劇」到「處於徹底絕望」之間尋求落點。有些人就像第一位女士那樣，馬上聯想到最糟的情境，內心的快樂近乎蕩然無存，寧可永遠處在失望的情境中。另一些人則是從來沒有快樂過，寧可永遠抱持絕望的心態。他們是這樣說的：「寧可一直活在絕望之中，也不想感到失望。跟一開始就活在絕望之中比較起來，落入失望中再爬出來，感覺會更加脆弱。絕望地活著，雖然犧牲了快樂，但總不會那麼痛苦。」

「預先排演悲劇」和「處於徹底絕望」這兩種極端，其實說的是同一件事：想要沉浸在生命的喜悅時刻，就需要展現脆弱。如果你跟我一樣，曾經站在熟睡的孩子身邊，心想：「我好愛你，愛到幾乎喘不過氣。」但是當下腦中又突然閃過孩子出事的可怕影像，你並沒有發瘋，也不是唯一有那種想法的人。我訪問的家長中，約有八成坦言他們也有那樣的經驗。同樣的比例也適用在多年來我演講或共事過的上千位家長身上。爲什麼？我們這是在做什麼？爲什麼會這樣？

一旦我們把脆弱和喜樂連結在一起，答案就顯而易見了：我們想在脆弱來襲前先下手爲強，我們不想遭到痛苦突襲，不想猝不及防，所以乾脆先排練自己遭到擊垮的樣子，或是選擇永抱失望，從不脫離絕望的狀態。

對預先排演悲劇的人來說，在樂不可支的當下，腦中突然閃過悲劇影像是有原因的。當我們在生活中有意或無意地閃躲脆弱的感覺時，我們同時也無法坦然接納喜樂，以及喜樂帶來的不確定性、風險和情緒衝擊。很多人甚至會有一種生理反應——「肉麻或渾身不對勁」的感覺。我們渴望有更多的幸福，但同時也無法忍受自己脆弱。

我們的文化也助長了這種充滿不祥預感的排練：我們的腦中大多有許多可怕影像的存檔，每當我們必須對抗脆弱的感覺時，腦中存檔馬上一閃而過。我常問聽眾，過去一週內是否看過任何暴力影像，通常約兩成的聽眾會舉手。接著我改變問法：「過去一週看過電視新聞、《CSI犯罪現場》、《重返犯罪現場》（*NCIS*）、《法網遊龍》（*Law & Order*）、《尋骨線索》（*Bones*）或電視上任何犯罪影集的請舉手。」這時約有八到九成的聽眾會舉手，我們腦中的影像，讓我們能瞬間啓動打預防針的機制。

我們是視覺的動物，會相信、吸收、記憶看到的東西。我記得最近和史蒂夫及孩子們開車前往聖安東尼奧共度長週末。查理表演他在幼稚園學到的笑話，大家都哈哈大笑，連他姐姐也笑了。我心中開始充滿喜樂的感受，但是下一秒鐘，那個老

伴隨喜樂而來的脆弱感，
其實是在提醒我們要心存感念

是跟著喜樂出場的脆弱感又出現了，我不禁打了個冷顫，想到新聞畫面中一台休旅車在十號洲際公路上翻覆，兩個空盪的車位抛出車外，擱在車邊。我突然從大笑轉爲恐慌，不禁脫口說出：「史蒂夫，開慢點。」他一臉不解地看著我說：「我們正卡在車陣中。」

如何展現脆弱的力量？學習感恩

即使是已經學會全心投入喜樂的感受，並且能夠擁抱那些經驗的人，也會遇到經常伴隨喜樂出現的脆弱不安。我們才剛剛學會如何把它當成一種提醒，而不是警訊。對我來說，最意外（同時改變我人生）的差別在於那種提醒的性質：對擁抱那些經驗的人來說，伴隨喜樂而來的脆弱感，其實是在提醒我們要心存感念，確定我們對眼前的人、眼前的美、跟他人的連結或當下的片刻充滿感恩。

資料顯示，感恩，是破解打預防針心態的方式。事實上，每位盡情享受生命喜樂的受訪者都談到感恩的重要。感恩與喜樂的關連性，在資料中非常普遍，所以身爲一位研究者，我承諾每次談到喜樂時，一定也要談到感恩。

令我意外的不僅是喜樂和感恩的關連而已，我也驚訝地發現受訪者經常提到，喜樂和感恩是一種心靈的練習，讓人更相信人際關係的緊密相連，以及超越人類的宏大力量。他們的故事和描述更進一步延伸，指向幸福和喜樂的明顯差異。受訪者形容幸福是和情境有關的情緒，喜樂則是投入世界的心靈方式，和感恩有關。雖然一開始喜樂和脆弱的關連性讓我嚇了一跳，但現在我完全明白箇中道理了，也知道爲什麼感恩是破解打預防針的方式。

匱乏和恐懼導致我們先打預防針，我們擔心喜樂的感受不足、無法持久，或是擔心接下來陷入失望（或任何其他感受）時難以適應。我們學到盡情歡樂後難免失望，甚至樂極生悲。我們也對自我價值感到懷疑，既然我們有不足，有缺點，是否有資格快樂？那些挨餓的孩童和飽受戰爭蹂躪的地區該怎麼辦？我們憑什麼快樂？

如果匱乏的相反是足夠，那麼實踐感恩，就是承認知足，承認我們已經夠好了。我用「實踐」這個字眼，是因爲受訪者提到具體的感恩，不單是心存感念而已。事實上，他們還舉了感恩的實例，包括寫感恩日誌、設置感恩罐以收集家人的感恩心得。

其實，我從經歷過沉痛失落的人，或者走過嚴重創傷的人身上，學到最多表達感恩的方式，也學到匱乏與喜樂的感受在脆弱中所呈現的關係。這些人之中，有人經歷喪子之痛，有人的摯親或摯愛病危，有人是種族屠殺或心靈創傷的倖存者。大家最常問我的一個問題是：「你常和人談脆弱，聆聽大家內心最黑暗的掙扎，難道不

實踐感恩，就是承認知足，
承認我們已經夠好了

會感到憂鬱嗎？」我的回答是：「從來不會。」因爲我從那些勇敢分享內心掙扎的人身上所學到自我價値、自我復原和人生喜樂，比從研究的其他部分學到的還要多。

我從那些曾經身陷悲傷和黑暗的人身上，學到三個有關喜樂和光明的啓示，那三個啓示是我這一生有幸獲得的最大禮物：

1. **喜樂來自平凡的時刻。當我們汲汲營營地追求非凡，就可能錯失生命的喜樂**

匱乏文化可能讓我們害怕過著渺小、平凡的生活，但是當你和失去過很多的人談過以後，你會清楚明白人生的喜樂無常。每一位對我透露他失去過什麼的人，在提到他們最懷念的事情時，說的都是平凡的時刻。「如果我下樓的時候，能再看到我先生坐在桌邊，一邊看報一邊咒罵就好了……」、「如果我能再聽到我兒子在後院咯咯笑就好了……」、「我媽給我傳過超瘋狂的簡訊，她從來不知道怎麼用手機，但我現在願意付出一切來換她一次簡訊。」

2. **珍惜你所擁有的**

我問經歷過不幸的人，要如何對受折磨的人培養及展現更多的同情，他們的回答總是一樣：不要因爲我失去孩子，你就避談孩子帶來的喜樂。別把擁有視爲理所當然，應該要慶幸自己擁有這些。你擁有這些並沒有錯，應該心存感念，並且跟別人分享這份感念。你父母健康嗎？你應該爲他們健健康康的感到非常開心，讓他們知道他們對你有多重要。**看重你擁有的，就是尊重我失去的**。

3. 別再浪費喜樂的片刻了

我們無法爲生命中的不幸與失去預作準備，當我們把每一次喜樂的時刻都拿來排練絕望時，反而降低了自我復原的能力。沒錯，盡情歡樂可能令人不安、提心吊膽，也感到脆弱，**但是每次我們讓自己感受喜樂，沉浸在快樂中，就是在培養從傷痛中自我復原的能力，和對生命的希望**。喜樂變成我們的一部分，當不幸眞的發生時（確實會發生），我們會更堅強。

我花了兩三年的時間，才瞭解並融會貫通這些資訊，並開始練習感恩。相反的，艾倫似乎天生就很懂得肯定及擁有喜樂的重要性。她唸小學一年級時，某天我們一起蹺班蹺課，到公園度過一整個下午。我們有段時間坐在船上，把家裡帶來的走味麵包拿來餵鴨子，後來我發現她不再踩小船的踏板，動也不動地坐在位子上，雙手捧著麵包袋，頭往後仰，閉上雙眼。陽光灑在她仰望的臉上，她露出平靜的微笑。當下，她展現的靜美和脆弱感動了我，讓我幾乎無法呼吸。

每次我們沉浸在快樂中，
就是在培養從傷痛中自我復原的能力和對生命的希望

我足足看了她一分鐘，但是後來她完全沒動時，我開始有點緊張，「艾倫？親愛的，妳還好嗎？」

她泛開笑容，睜開雙眼，看著我說：「媽，我很好，我只是在拍下印象記憶。」

我從來沒聽過印象記憶，但我喜歡那個說法，「那是什麼意思？」

「噢，印象記憶是我真的非常快樂時，在腦海中留下的印象。我閉上眼睛，拍下記憶照片，等我難過、害怕或孤獨的時候，就可以回顧這些印象記憶。」

我不像當時六歲的女兒那麼能言善道或泰然自若，但我一直在學習。我還是無法那樣自然而然地心懷感念。體驗生命的喜樂時，我還是會感受到脆弱襲來，但我現在學會直接說出：「我覺得好怕，覺得自己好脆弱，不過我對——充滿了感激。」

好吧，對話中突然冒出這句話可能很怪，但是那總比老想著大難臨頭和控制狀況好多了。最近，史蒂夫告訴我，他想在我出差時，帶孩子去他們家族位於賓州的農場。我當下覺得那是很好的主意，但後來又馬上胡思亂想：「噢，天啊，我不能讓他們在我不在的時候去搭飛機，萬一出事怎麼辦？」不過，我沒有想吵架，也沒有妄下斷語，或是用莫名的恐懼去編個理由來推翻那個想法（例如「那個主意不好，現在機票好貴」或者「你們很自私耶，我也想去」），我只是說：「我覺得好怕，覺得自己好脆弱，不過孩子能和你一起探索野外，我心存感激。」

史蒂夫露出微笑，他很清楚我的練習，也知道我這麼說是眞心的。我在生活中眞正去實踐「不打預防針」的研究之前，一直不知道要如何克服那種即刻出現的脆弱，我不知道該如何從恐懼進展到眞正去感受，再進展到我最想要的「充滿感恩的喜樂」。

第二面防衛盾牌：完美主義

在我的部落格上，我最喜歡的單元之一是〈激勵訪談〉（Inspiration Interview）系列，那個單元對我來說很特別，因爲我只訪問眞正鼓舞人心的人物——那些人投入世界的方式，激勵我在工作上更有創意，更勇敢發揮。我訪問的問題向來都一樣，後來開始做全心投入的研究後，我開始問一些有關脆弱和完美主義的問題。身爲一個擺脫完美主義、追求適可而止的人，我每次回收問卷後，都會先迅速瞄一眼這個問題的回答，這個問題是：**你有追求完美主義的問題嗎？如果有，你處理這個問題的策略是什麼？**

我之所以問這個問題，是因爲在我收集的資料中，從來沒看過有人把生命中的喜樂、成就或全心投入歸因於追求完美。事實上，多年來我一再聽到一個清楚的訊息：「當我培養了脆弱的力量、接受自己的不完美，還有學會自我包容的勇氣後，

完美主義和追求卓越是不同的，
完美主義不是自我精進，它的根本是想要獲得認可

也找到了生命中最寶貴、最重要的東西。」完美主義不是引導我們發揮天賦和達成使命的道路，而是危險的岔路。

我想和大家分享幾個我最喜歡的回答，但首先我想先談談從我資料中浮現的**完美主義**定義。以下是我的發現：

完美主義就像脆弱，也累積了很多迷思。我想，從「什麼不是完美主義」開始看起，會有幫助：

- **完美主義和追求卓越是不同的**

完美主義講求不健康的成就和成長，是一種防禦性的舉動——以爲只要我們做得完美，或看起來完美，就能減低或避免責備、批判和自卑所帶來的痛苦。完美主義就像隨身揹著二十噸重的盾牌，以爲可以用來自保，但其實只是用來避免眞正的自己被大家看見而已。

- **完美主義不是自我精進，它的根本是想要獲得認可**

完美主義者大多在成長過程中經常因爲表現優異而受到讚揚（例如成績好、有禮貌、守規矩、乖巧聽話、外表討喜、運動優異），他們在過程中養成了這種危險又有害的想法：「我的成就與優秀程度代表我這個人的好壞，所以

我需要迎合、表現、完美。」正確的努力是把焦點放在自己身上：我要如何進步？如何讓自己更好？但完美主義是把焦點放在別人身上：大家會怎麼想？完美主義是一種汲汲營營的狀態。

- **完美主義不是成功的關鍵**

事實上，研究顯示，完美主義有礙成就，且和憂鬱、焦慮、成癮、生活麻木或錯失契機有關。害怕失敗、犯錯、達不到大家的預期、受到批評，會讓我們遠離良性競爭與努力奮鬥的競技場。

- **完美主義不是避免自卑的方式，而是一種自卑的形式**

我們在什麼領域深受完美主義所苦，就是出自我們對那個領域的不安全感。

使用資料破解這些迷思後，接著，我得出以下**完美主義**的定義：

- **完美主義是一種自毀又容易上癮的思想**

它驅動了以下的想法：只要我看起來完美、做得完美，就能避免或減低自卑、批判與責備所帶來的痛苦。

- **完美主義是一種自我毀滅**

想擺脫完美主義的束縛，
心態就必須從「擔心大家怎麼想」轉為「我已經夠好了」

因爲完美並不存在，那是遙不可及的目標。完美主義是一種外在的觀感，而不是內在動力，但是無論我們投入多少時間和心力，都無法控制外在的觀感。

- **完美主義容易成癮**

因爲當我們免不了感到自卑，不免受到批判與責備時，常常以爲是因爲自己不夠好。我們不去質疑完美主義的錯誤邏輯，而是更想要追求盡善盡美。

- **完美主義其實只會讓我們感到自卑**

覺得自己受到批評和責備，讓我們更加自卑，然後再去苛責自己：「都是我的錯，我會有這種感覺都是因爲我不夠好。」

如何展現脆弱的力量？欣賞自己的不完美

就像打預防針有多種形式，且程度各有不同，我發現大家追求完美主義的程度也不盡相同。換句話說，我們多少都會汲汲營營想掩藏缺陷，控制觀感，或迎合眾人。有些人只有在感到特別脆弱不安的時候，才會追求完美。有些人則像有強迫症，長期自我苛求，感覺像追求完美成癮症似的。

無論我們追求完美的程度有多高，只要我們想擺脫完美主義的束縛，心態就必須從「擔心大家怎麼想」轉爲「我已經夠好了」。那轉變是從克服自卑、自我包容和攬起全局開始。為了接納我們的自我、背景、信念，以及生活中的不完美，我們必須放自己一馬，欣賞自己的缺點或瑕疵。對自己和彼此更寬容，更溫柔，也用我們對我們愛的人的語氣和自己對話。

德州大學奧斯汀分校的研究員兼教授克莉絲汀・聶夫博士（Kristin Neff）是自我包容研究室（Self-Compassion Research Lab）的負責人，專門研究如何培養與落實自我包容。聶夫指出，自我包容有三大要件：對自己好、人之常情和不偏不倚。她在新書《寬容，讓自己更好》（*Self-Compassion: Stop Beating Yourself Up and Leave Insecurity Behind*）中，定義這三個要件如下：

- **對自己好**：在痛苦、失敗或信心不足時體諒自己，而不是忽略痛苦或苛責自己。
- **人之常情**：瞭解痛苦和信心不足是大家共有的體驗，每個人都會遇到，不是只發生在「我」一個人身上。
- **不偏不倚**：持平看待負面情感，不壓抑也不誇大感受。我們無法同時忽略痛苦又包容痛苦，不偏不倚的正念是不去「過度認同」想法與感受，以免陷入負面情感中無法自拔。

自我包容有三大要件：
「對自己好」、「人之常情」和「不偏不倚」

我喜歡她對不偏不倚的定義，那個定義提醒我們不要過度認同或誇大感受。我犯錯時，很容易陷入悔恨狀態或是自己責怪自己。但「自我包容」會要我們在感到自卑或痛苦時，抱持觀察入微又精確的觀點。聶夫博士有個很棒的網站，提供自我包容檢測，並讓人進一步瞭解她的研究，網址是www.self-compassion.org。

除了實踐自我包容外（相信我，自我包容和感恩喜樂，以及其他一切值得落實的觀念一樣，都是一種「實踐」），我們也必須記得，當我們攬起全局，活在自己的情節裡時，才有可能產生自我價值（亦即覺得「自己已經夠好了」的核心信念）。我們要是不選擇攬起全局，活在自己的情節裡，就只能站在外頭觀望，否認自己的脆弱與不完美，切割我們覺得不符合自我期待的部分，然後汲汲營營地追求他人對我們個人價值的認可。追求完美令人精疲力竭，因爲汲汲營營令人心力交瘁，是一場永不落幕的表演。

我想回頭談我部落格裡的〈激勵訪談〉系列，分享一些其他人的回答。我從他們的回答中看出欣賞自己不完美當中的一種美感，他們的自我包容讓我深受鼓舞，應該也能激勵大家。第一位是暢銷作家葛瑞琴·魯賓（Gretchen Rubin），她的著作《過得還不錯的一年》（*The Happiness Project*）描述她在一年內親身測試多種讓人更快樂的研究和理論，她在新書《居家快樂妙方》（*Happier at Home*）中則是把焦點放在對家庭的重要因素，例如財產、婚姻、時間、親子教養、鄰里等等。以下是她因應完美主義心態的方式：

我提醒自己，「別讓完美阻礙你成爲一個更好的人。」（借用伏爾泰的名言「至善者，善之敵」）。做得到步行二十分鐘，總比想跑四英里但跑不到還要好；出版一本不完美的書，總比讓電腦裡的「完美」檔案永無問世之日還要好；叫中式外燴來開派對，總比一場我永遠沒時間主持的優雅晚宴還要好。

安德莉雅．謝爾（Andrea Scher）是住在加州柏克萊的攝影師、作家及生活教練。她以〈超級英雄照〉、〈冒險〉等線上教學課程，以及獲獎肯定的部落格《超級英雄誌》（*Superhero Journal*）激勵大家過著眞實、豐富、創意無限的生活。大家常看到她坐在廚房的地板上，抱著新生兒，叫四歲的兒子跳起來，讓她拍張超級英雄的照片。她對完美主義的回應如下（我很喜歡她的精神喊話！）

小時候我是個好勝的體操選手，每學期都是全勤，很怕任何一科的成績未達甲下，高中有飲食失調症。

喔，對了，我還是校花。

沒錯，我覺得我有完美主義的問題。

但我一直努力改進。小時候，我覺得要完美才有人愛……我想我現在還是會把兩者搞混。我發現我常在做布芮尼所謂的「爲自我價值汲汲營營」這件事，例如把舞蹈跳得讓人看不出破綻、完美無瑕。有時候我會用我做的事情和有沒有做好來衡量自我價值，但多數時候我都在學習放自己一馬。親子教養讓我學到很多，那是混亂又微不足道的任務，但我在學習如何展現我混亂的一面。

爲了應付我的完美主義，我允許自己做到適可而止。我做事很快（有兩個小孩會讓你學會如何光速完成任務）。只要做得夠好，我就讓自己過關。我有幾句自我精神喊話很有幫助：

速戰速決，穩超勝算。

完美就永遠做不完。

夠好眞的很讚了。

尼古拉斯．威爾頓（Nicholas Wilton）爲我上一本書的封面及網站畫了美麗的插畫，他的作品常在藝廊裡展示，也是私人收藏品。此外，他也發明了藝術平面法

（Artplane Method），那是一套基本繪畫與直覺原則的系統，有助於發揮創意。

我非常喜愛他對於完美主義與藝術的見解，那完全呼應我的研究結果：完美主義有礙創意，所以最有效擺脫完美主義的方法之一就是開始創作。以下是威爾頓的說法：

我一直覺得，很久以前有人把世上的事情做了合理的分類——把一些類別歸類到完美的——一切都可以完美地歸類。例如，商業界就是如此，條列項目、試算表、加總等等都可以做到完美；法律系統也是如此，雖然不見得盡善盡美，但能鉅細靡遺地羅列各面向的條例與法規，把我們都該遵循的行爲準則一網打盡。

建造飛機、橋梁、高速列車必須講究完美，網際網路底下的程式碼與數學也是如此，細節一定要完美無瑕才有辦法運作。我們工作與生活的世界裡，有許多事物都必須追求精確與完美。

但是把一切完美地分門別類後，可能還會留下一些無法歸類。例如鞋盒裡的雜物。

於是，在莫可奈何之下，我們可能舉手投降說：「好吧，剩下的東西都不

我們天生就不完美，原本就有難以歸類的感受和情感，
不需要符合任何完美的期許

完美，無法分門別類，只能全部扔進一個破爛的大箱子裡，把它塞到沙發後面，也許以後可以再拿出來看看怎麼分類比較好。我們就把這個盒子標示爲『藝術』吧。」

幸好這問題一直無法解決，日積月累下，盒子裡的東西滿了出來。我想，這種問題之所以存在，是因爲藝術在所有的分類中最接近人性。它是活的，我們天生就不完美，原本就有難以歸類的感受和情感，有時候我們做的事也不見得有道理。

藝術的完美就在於它不完美。

一旦你用「藝術」這個字眼來形容你做的事情，幾乎像是取得「不完美」的通行證，讓我們不再需要符合任何完美的期許。

至於我那些「不完美」的作品呢，我總是指指沙發後方那個破爛箱子。只要跟別人講說「這是藝術」，大家似乎就懂了，他們不會再強求你盡善盡美，也不再多管你閒事了。

每次我談到脆弱和完美主義時，都會分享一句話，那句話出自李歐納．科恩的歌曲〈讚美詩〉（Anthem）。我非常喜歡那句話，因爲當我身實踐「知足」這個觀

念時，那句話帶給我無限的安心和希望：「萬物皆有縫隙，方能讓光透進。」

第三面防衛盾牌：自我麻痺

如果你懷疑這個單元可能是在談「上癮」，心裡想著：「這跟我無關。」請繼續看下去，這跟每個人都有關。首先，這世上最常見的麻痺策略就是「我忙瘋了」。我常說，如果要幫忙碌的酒鬼們舉行戒酒會，可能需要租個足球場那麼大的空間才容納得下那麼多大忙人。因爲我們的文化相信，只要生活過得夠忙碌，人生的眞相就會跟不上我們的步調。

第二，統計顯示，鮮少人沒有上癮問題，我相信我們多多少少都麻痺了自己的感受，我們可能不是強迫性或長期如此，但那不表示我們就沒麻痺我們的脆弱感。麻痺脆弱的效果特別糟，因爲那不只麻痺了痛苦的經驗，也鈍化了我們生命中的喜樂、歸屬感、創意和同理心。我們麻痺情感無法有選擇性，麻痺黑暗的同時，我們也掩蔽了光明。

如果你想知道麻痺是否也意指施打或吸食非法毒品，或是下班後貪個幾杯這種行爲，答案是「沒錯」。我認爲，我們需要檢討「抒壓」的觀念，也就是說，我們需要檢討我們在菜裡放的酒、用餐時喝的酒，以及餐後打掃時喝的酒，還有每週卯

麻痺情感無法有選擇性，

麻痺黑暗的同時，我們也掩蔽了光明

起來工作六十小時、攝取糖分、沉迷電玩、服用處方藥這些事情，以及爲了醒酒或爲了讓大腦在吃了止痛藥之後清醒過來，而喝下的四倍濃度咖啡。我這裡要講的，和你我有關，也和我們每天做的事情有關。

我看資料時，主要想知道的問題是：「我們在麻痺什麼？爲什麼要麻痺自己？」現在的美國人比以前負債更多，更肥胖，依賴藥物，上癮成性。有史以來，疾病控制與預防中心（CDC）首次宣布車禍是美國第二大死因，那什麼是第一大死因？是用藥過量。事實上，因處方藥過量致死的人數，比吸食海洛因、古柯鹼、安非他命致死的人數加以來還要多。更驚人的是，因處方藥過量致死的人中，從可疑管道取得藥物的人不到五％。現在的藥物來源比較可能是父母、親朋好友和醫生。顯然問題大了，我們迫切地想要減少或增強某種感受——想讓某種感覺消失，或體驗更多感覺。

多年來我和成癮症的研究人員及臨床醫生密切合作。我猜想，促使大家麻痺自己的主因，是大家在追求自我價值和自卑感受之間苦苦掙扎：我們麻痺了因爲沒自信和比不上別人而產生的痛苦。但是自卑只是部分原因，焦慮和抽離也是促成麻木的原因。我稍後會解釋，最讓我們想麻痺自己的原因，似乎是「自卑」、「焦慮」、「抽離」三種情緒的結合。

受訪者所描述的「焦慮」，看來是不確定性、時間不夠、社交不安（這點令人意外）所促成的。「抽離」則比較難以歸結原因，我原本想以「憂鬱」取代「抽離」，但我重新記錄資料時，發現那不是我聽到的情況。我聽到的多種經驗包括憂鬱，但也包括寂寞、孤獨、抽離和空虛。

在私下與專業上讓我再次感到震撼的是，那些焦慮與抽離的經驗中，都可以看到明顯的自卑形態。所以，要精確回答「導致我們麻痺自我的因素是什麼？」，感覺像叫你回答「你是什麼星座？」一樣理所當然。**焦慮，然後就越來越自卑。抽離，然後就越來越自卑。焦慮加抽離，然後就越來越自卑**。

焦慮的人也會產生自卑。因為我們不只是感到害怕、失控，無法管理愈來愈忙碌的生活而已，我們還以為只要自己變得更聰明、更堅強、更優秀，就能處理一切。那樣的想法讓焦慮變得更加嚴重，也更難以承受。麻痺自我，變成一種鈍化情緒不穩與信心不足的方法。

抽離也是類似的道理。我們在臉書上可能有幾百位朋友，周遭有幾位同事，加上現實世界的朋友和鄰居，但我們依舊感到孤獨，無人聞問。由於和他人建立關係是人的天性，抽離的感覺總是讓人痛苦。抽離感是生活和人際關係中的常見現象，但是加上自卑感之後，我們會誤以為跟他人的關係中斷，是因為我們這個人不值

一個人所能經歷最可怕也有害的感覺是心理孤立
一般人會竭盡所能，以擺脫這種絕望的孤立和無力感

得。這種想法讓我們感到痛苦，因而想要麻痺那種感覺。

抽離再進一步就是孤立，那樣就有眞正的危險。衛斯理學院史東中心的關係文化理論家珍．貝克．密勒（Jean Baker Miller）和愛琳．史蒂芙（Irene Stiver）以下面的文字，充分描述了孤立的極端性：「我們相信，一個人所能經歷最可怕也有害的感覺是心理孤立。那跟孤獨不一樣，孤立，是指一個人不可能再有任何人際關係，也無力改變狀況。在極端的情況下，心理孤立可能導致失落與絕望感。一般人會竭盡所能，以擺脫這種絕望的孤立和無力感。」

這段定義中有助於瞭解自卑的關鍵在「一般人會竭盡所能，以擺脫這種絕望的孤立和無力感」。自慚形穢的感覺，往往會讓人陷入絕望，當我們亟欲擺脫這種孤立與恐懼時，每個人反應各不相同，從麻痺自己到上癮、憂鬱、自殘、飲食失調、霸凌、暴力、自殺等不一而足。

我回想我麻痺自己的過往，瞭解自卑是如何擴大焦慮與抽離後，我也解開了多年未解的問題。我開始喝酒不是爲了借酒澆愁，只是手上很空，需要握住些什麼。事實上，如果現在被名流、藝人拿來當成配件的智慧型手機和掛滿珠寶的吉娃娃，也在我快二十歲的時候流行，我應該不會開始抽菸喝酒。我抽菸喝酒只是想減輕我脆弱的不安全感，在其他的女生都有人邀她跳舞的時候，讓我有個藉口可以裝忙。

我真的是需要有事情可做，好讓自己看起來很忙。

二十五年前，我似乎只能選擇喝啤酒，攪拌著杏仁酸酒，或點根菸。我獨自一人坐在桌邊，除了這些菸酒之外沒人陪我。我的脆弱感受促成了焦慮，焦慮促成了自卑，自卑促成了情感抽離，情感抽離促使我選擇了百威啤酒。對很多人來說，爲了融入群衆、尋找連結和管控焦慮，情感受化學麻醉只是一種行爲愉悅上的副作用，雖然有點危險。

我十六年前把菸酒戒了。在《不完美的禮物》中，我寫道：

在成長過程中，我沒有學到「積極投入不安全感」所需的技巧和情感訓練，所以久而久之，我變成了自我麻痺的狂熱者，但是酗酒的人有戒酒會可以參加，麻木狂人，卻沒有類似的戒癮會。在短暫實驗過後，我也發現，傳統戒酒會上藉由描述成癮經歷來戒癮的方式，不見得人人都有效。

對我來說，讓我青春失控的不只是舞廳、冰啤酒和萬寶路淡菸而已，還有香蕉麵包、洋芋片沾乳酪醬、電子郵件、工作、保持忙碌、杞人憂天、事前規劃、完美主義，只要能讓我用來鈍化脆弱不安所帶來的痛苦與焦慮，任何東西都好。

要減少焦慮就要注意自己的極限，
還要學習如何說「夠了」來適可而止

我們來看看用脆弱的力量因應麻木感，有什麼對策。

如何展現脆弱的力量？設定底線，尋求安心及修養心靈

我訪問那些全心投入的人，詢問他們對麻木的看法時，他們常提到三點：

1. 學習如何去眞實感受。
2. 留意麻木的行爲（他們偶爾也會掙扎其中）。
3. 學習如何積極處理痛苦情感所帶來的不安。

我覺得這幾點都很有道理，但我想知道如何積極因應焦慮和抽離，所以我開始訪問這些人，請他們進一步闡述這個問題。一如所料，他們還有更多的細節可以分享。這些人已經把「已經夠好了」這個觀念，提升到全新的境界。沒錯，他們落實了不偏不倚的正念和積極投入的心態，但他們也在生活中認眞地設定底線。

我問這些全心投入的人更多針對性的問題，他們做了哪些選擇和行爲來減少焦慮。他們解釋，要減少焦慮就要注意自己的極限，要知道做多少算是超過，還要學習如何說「夠了」來適可而止。他們非常清楚什麼對自己是重要的，還有什麼時候

該放手。

二〇一〇年肯．羅賓森（Sir Ken Robinson）在精彩的TED演講中談到學習革命，他一開始告訴聽衆，他把世界分成兩種人，接著他停下來幽默地說：「卓越的效用主義哲學家邊沁（Jeremy Bentham）曾諷刺這種說法，他說：『世界上分成兩種人，第一種人把世界分成兩種人，另一種不這樣分。』」

羅賓森停下來微笑，「呃，我就是會分的那種。」我很愛那段話，因爲身爲研究人員，我也是如此。但是在我談兩種人以前，我想先說，這種分法不是分成截然不同的兩類，不過其實也差不多了，我們仔細來看看。

談到焦慮，每個人都有經驗。沒錯，焦慮有很多種，程度各不相同。有些焦慮是先天的，最好的處理方式是結合藥物和治療。有些焦慮是後天環境造成的，例如分身乏術，壓力太大的時候。我覺得有趣之處在於受訪者分類的方式：一種受訪者（群組A）認爲，想要解決焦慮，就要**想辦法管理並舒緩焦慮**；另一群受訪者（群組B）認爲，關鍵在於**改變讓你焦慮的行爲**。這兩組人受訪時，常以當代科技做爲引發焦慮的例子，所以我們來看這兩群人對平常大量湧入的電子郵件、語音留言和簡訊有何不同的看法。

群組A：「我送孩子上床睡覺後，就泡一壺咖啡，以便在晚上十點到午夜之間

想要解決焦慮，
關鍵在於改變讓你焦慮的行為

處理所有電子郵件。如果郵件太多處理不完，我會清晨四點醒來再繼續處理。我不喜歡上班時，收件匣裡還有未處理的電子郵件。這樣雖然很累，但該回的信我都回了。」

群組B：「我會乾脆停止寄送沒必要的郵件，也請朋友和同事這麼做。我也開始設定大家的預期，讓他們知道我可能會等幾天才回信。所以如果是重要的事情，就直接打電話找我。不要傳簡訊或電子郵件，更好的方法是直接來我辦公室一趟。」

群組A：「我會利用等紅燈、等結帳、搭電梯的時候聽完語音信箱，我甚至會帶著手機一起上床睡覺，萬一有人找我或半夜我想起什麼事的時候，就可以用手機。有一次我清晨四點打電話給我的助理，因爲我突然想起我們得在準備的議案中加入某些內容，我很意外她竟然接了電話，不過她後來提醒我，那是因爲我曾經叫她把手機放在床頭櫃上。當任務完成後，我會休息和宣洩壓力。拚命工作，拚命玩樂，就是我的座右銘。如果遇到睡眠不足那陣子，工作可以不用太拚等於就是在玩樂了。」

群組B：「我的老闆、朋友和家人都知道，早上九點以前或晚上九點以後我不接電話。如果電話在那些時間響了，一定是打錯或急事，是眞的很緊急的事，不會是公事。」

群組A的人通常有嚴重的麻木問題，他們覺得減少焦慮就是想辦法去麻痺焦慮的感覺，而不是改變造成焦慮的思維、行爲或情感。我非常討厭研究的這個部分，因爲我從以前一直在想辦法管理我的精疲力竭和焦慮感，我希望可以找到幫助我「繼續過這種生活」的方式，而不想聽別人告訴我如何「停止過這樣的生活」。這些大談他們麻痺方式的受訪者，完全反映了我的掙扎。群組B的規模較小，他們是從根本處理焦慮問題，依循他們的價值觀過生活，設定底線，做到全心投入的生活。

我問群組B設定底線以降低生活焦慮的流程時，他們毫不猶豫地把自我價值和設定底線連結在一起。爲了說出「夠了！」，我們必須先相信自己已經夠好了。對女性來說，設定底線很難，因爲自卑魔怪很快就會在耳邊說：「說『不』的時候要小心，妳會讓對方失望，害別人掃興，當個懂事的乖乖牌，大家都開心。」至於男人，魔怪會在耳邊說：「有男子氣概一點，男子漢可以扛，還可以扛更多，你是不耐煩了想當媽寶嗎？」

我們知道**展現脆弱的力量**是指勇敢示弱，但當自卑占了上風，當處理焦慮造成和他人的連結中斷，我們是不可能做到展現脆弱的力量的。愛與歸屬感是兩種最強大的連結形式，那是男女老幼都不可或缺的需求。我訪問時發現，擁有深刻的愛與歸屬感的人和似乎苦求不得的人之間，只有一個差別，那就是他們是否相信自我價

愛與歸屬感是兩種最強大的連結形式，
那是男女老幼都不可或缺的需求

值。那道理很簡單，也很複雜：如果我們想要充分體驗愛與歸屬感，就必須相信自己是值得被愛與歸屬的。但是在我們進一步談麻痺與抽離之前，我想先分享兩個定義。我在137頁分享了愛的定義，以下是資料中出現的連結和歸屬的定義。

- **連結**：當人與人之間彼此感覺受到理解、傾聽和重視，可以付出且接納對方，而不必擔心受到批評，彼此之間所產生的能量就是連結。
- **歸屬**：是一種與生俱來的欲望，希望自己能歸屬於比自己更大的主體。由於這種渴望非常原始，所以我們常以融入群體、尋求認同的方式來獲得歸屬感，那樣做不僅是空洞的替代方案，通常也阻隔了歸屬感。因爲只有當我們對外界呈現眞實而不完美的自我時，才會出現眞正的歸屬感。歸屬感不可能超越我們自我接納的程度。

想知道我們在生活中爲何變得抽離？如何改變那種狀態？瞭解上述的定義很關鍵。要過著連結互動的生活，終究要懂得設立底線，少花點時間和精力瞎忙，還有迎合那些不重要的人，然後就會瞭解努力培養親朋好友之間的關係有多重要。

我投入這項研究以前，我的問題是：「讓焦慮最快消失的方法是什麼？」現在，我的問題變成：「這些焦慮的感覺是什麼，從哪裡來？」我發現答案始終都是因爲我和史蒂夫或孩子的連結不夠緊密，那是因爲（以下隨你挑，都是原因）：睡眠不足、玩樂不夠、工作太多，或是想逃避脆弱。不過現在和以前不同的是，如今我知道我可以說出這些答案了。

關照與修養心靈

最後一個問題依舊存在，我也經常聽到。大家常問：「安心喜悅和麻木不仁之間的差異究竟是什麼？」對此，作家兼個人成長老師珍妮弗．勞登（Jennifer Louden），把我們自我麻痺的方式稱爲「假性慰藉」。當我們感到焦慮、抽離、脆弱、孤單、無助時，喝酒、暴飲暴食、卯起來工作、沒日沒夜地上網感覺上有安撫效果，但實際上只對我們的人生投下更長遠的陰影。

勞登在著作《人生整理術》（*The Life Organizer*）裡寫道：「假性慰藉可能有各種形式。那跟你做什麼事情無關，重點在於你**爲什麼**要那麼做。你可能把一片巧克力當成寶，那是真的慰藉。你也可能把整條巧克力棒塞入嘴裡，在亟欲自我安慰時，完全沒品嚐到它的味道，那是假性慰藉。你可能上聊天室聊了半小時，受到社群的激勵，準備好回頭工作。你也可能上聊天室，但只是因爲你不想告訴另一半，

想找出假性慰藉或其他麻痺行為，
需要自我檢討和內在自省

他昨晚讓你多生氣。」

我發現資料顯示的現象和勞登說的一模一樣：「假性慰藉跟你做什麼事情無關，重點在於你**爲什麼**要那麼做。」她建議我們思考選擇背後的意圖，並和家人、好友或專業人士討論這些議題。我們沒有檢查表或規範，能幫你找出假性慰藉或其他有害的麻痺行爲，那需要自我檢討和內在自省。此外我也建議，仔細聆聽你愛的人是否告訴你，他們擔心你有那些麻痺行爲。不過，最終而言，這些麻痺問題都超越了我們的所知與感受，因爲那是心靈問題。**我選擇的麻痺方式是否撫慰與滋養我的心靈，或者只是暫時撇開脆弱和痛苦的情緒，而最終只會削弱我們的心靈？我選擇的慰藉方式是促成我的全心投入，還是讓我感到空虛茫然？**

對我來說，坐下來享用美食是令人滿足的歡愉，但站著吃東西，或是站在冰箱前或食物儲藏室裡面吃則一向是個警訊。坐下來看我最愛的電視節目是樂事，但不斷切換頻道一小時，則是一種麻痺行爲。

當我們思考滋養或削弱心靈的問題，我們必須思考我們的麻痺行爲對周遭的人（即便是陌生人）有何影響。幾年前，當我看到焦慮所助長的瞎忙生活，對其他人產生的影響時，我寫了一篇文章談手機和情感抽離，投書到《休士頓紀事報》，那內容值得深思：

上週我去修指甲時，赫然看到對面兩位女性修指甲時，全程都在講手機。他們以點頭、揚眉、比手畫腳的方式，去指示美甲師她們想修的指甲長度和指甲油的選色。

我真不敢相信自己的眼睛。

十年來，我都找同兩位女性修指甲。我知道她們的名字（她們真正的越南名字），她們小孩的名字，很多她們的事。她們也知道我的名字，我小孩的名字，還有很多我的事。最後我因為受不了而聊到那些講手機的女人時，她們迅速撇了一眼，一位美甲師輕聲告訴我：「她們不會懂的，因為她們大多不把我們當人看。」

我回家時，順道去邦諾書店（Barnes & Noble）買雜誌，排在我前面結帳的女人買了兩本書，然後申請新的讀者會員卡，並且請店員幫她把其中一本書包成禮物，但全程都在講手機，始終沒正眼看著櫃臺的年輕女店員一眼，或者直接對她說話，她未曾想要去意識自己對面站了一個人。

離開邦諾書店後，我開車到速食餐廳的得來速車道，想買杯可樂。車子剛停在窗前，我的手機就響了，我心想那可能是查理的學校打來的，就接起電話。結果不是學校打來的，而是有人打電話來確認邀約，我盡快講完電話。

就在我迅速講完「對，我會赴約。」時，窗口的女子和我已經完成「拿錢換可樂」的交易，我一掛電話，就馬上跟她道歉：「抱歉，我車子開進來時，手機剛好響了，我以為是我兒子的學校打來的。」

我的反應想必讓她非常驚訝，因為她眼睛泛著淚光對我說：「謝謝妳，非常感謝，有時候那種感覺很傷人，客人根本沒有注意到我們的存在。」

我不知道她感覺如何，但我的確知道在服務業當隱形人是什麼感覺，那感覺可能很糟。我唸大學和研究所時，一邊在餐廳打工。我是在學校附近一家高檔餐廳工作，那是有錢人家的子弟和父母愛去的餐廳（家長週末來探望孩子時，會帶孩子及孩子的朋友到那裡用餐）。那時我快三十歲了，一心希望我能在三十歲以前拿到學士學位。

客人很客氣又尊重我們的時候，工作的感覺還不錯，但是只要出現一次「不把服務生當人看」的時刻，就令我難過。不幸的是，現在我隨時都看到這種情況發生。

我看到大人對服務生說話時，完全不看服務生一眼；看到家長讓孩子以高高在上的口吻對店員說話，看到有人對服務台的人員發飆，破口大罵，卻對老闆／

醫生／銀行家畢恭畢敬。

我也看到種族、階級、特權隱含的惡質，以最具破壞性的方式展現在主侍尊卑的關係中。

每個人都想知道為什麼顧客服務的品質急速崩壞，但我更想知道為什麼顧客的行為急速崩壞。

當我們把人當物品時，也剝奪了他們的人性，對他們的心靈及我們自己的心靈造成了很大的傷害。奧地利出生的哲學家馬丁·布伯（Martin Buber），談到「我對它」關係和「我對你」關係的差異：「我對它」關係，基本上就是當我們覺得對方只是來服務我們或完成任務，也就是一種把對方當作物品時，彼此交易的關係。而「我對你」關係，特徵則是在人際交流和同理心。

布伯寫道：「當兩人真心互動時，神是彼此之間奔騰的電流。」

研究歸屬感、真實自我與自卑感十年後，我可以肯定地說，我們的身心靈先天就想要與人建立關係。我不是在建議大家和洗衣店店員或得來速服務員深交，而是希望大家不要再把對方當物品看待，和他們對話時開始正眼看著他們。如果我們沒有精力或時間那樣做，應該待在家裡就好。

接納脆弱和克服麻木，
最終就是在關照與修養心靈

心靈是全心投入的根本指標。我們是由一個比自己更大的力量緊密相連在一起，那不是宗教狂熱，而是深刻抱持的信念，以愛與包容爲基礎。對有些人來說，那是指神；對另一些人來說，那是自然、藝術、甚至是人性眞情。我認爲相信自我價值就是肯定我們是聖潔的，或許接納脆弱和克服麻木，最終就是在關照與修養心靈。

比較不常見的防衛盾牌

目前爲止，我們稍稍打開了存放武器的庫房門，讓光線照到那些幾乎每個人都會用來隔離脆弱的武器。打預防針、完美主義、自我麻痺是最常見的三種自保機制，我們稱之爲主要防禦類型。在本章的最後單元，我想簡要探討一些比較不常用的防衛工具，我們大多認得其中幾種自保機制，或至少可以從它們拋光的表面，看到些許自己的倒影。

其他防衛盾牌：不是你死，就是我活

不少受訪者表示脆弱的概念對他們沒多大的用處，他們的說法讓我發現了這套

自保機制。他們看待脆弱的方式從不屑、撇清到充滿敵意，程度不一。他們的訪談和互動顯現出一種觀點，他們基本上覺得這個世界分成兩種人（嗯，他們和我及羅賓森一樣愛分類）：**加害者**和**受害者**。

其他受訪者對於脆弱的價值可能有一些知識或理論上的質疑，但這些人不一樣，他們認爲每個人一定是屬於加害者或受害者之中的一種：你要不是受害者（那些老是被佔便宜，無法堅持立場的笨蛋或沒用的人），就是加害者（那些能隨時看見外在威脅，不會淪爲受害者，所以能努力掌控、主宰一切，也從不顯現脆弱自我的人）。

我記錄這些訪談資料時，一直想起我的博士論文中有一章談到法國哲學家賈克·德希達（Jacques Derrida）和二元對立（相反詞的配對）。受訪者的舉例不盡相同，但他們形容自己的世界觀時，用語中明顯出現配對的相反詞：贏家或輸家、生存或死亡、扼殺或被殺、強者或弱者、領導者或追隨者、成功或失敗、壓迫或被壓迫。如果你覺得這些例子還不夠明顯，某位成就頗高又強勢的律師說他的人生座右銘是：「這世界分成聰明的混蛋和沒用的傻子，就是那麼簡單。」

這種「不是加害者，就是受害者」的世界觀究竟是源自何處，我也不是很確定，但多數人把它歸因於從小學到的價值觀，還有從苦難中倖存的經驗或專業訓

我們從小學到的價值觀，
造成「不是加害者，就是受害者」的世界觀

練。有這種觀念的人絕大多數是男性，不過也有一些女性。有這種想法的人以男性居多，這點並不令人意外，因爲很多男性提到，他們從小就是接受這種「非贏即輸的零和賽局」教育，即使現在不依賴這套防衛盾牌的男性也這麼說。另外，別忘了，獲勝、主導性、凌駕女性都包含在第三章提到的男性化特質中。

除了社會化和生活經驗以外，這些人的工作或職場文化也強化了這種「不是加害者，就是受害者」的心態。我們聽到軍警人員、感化與執法警官這麼說，也聽過在競爭激烈、要求高績效的職場工作的人這麼說，例如法律界、科技業、金融圈。我不知道究竟是這些人原本就抱持著這種非贏即輸的信念，促使他們去找這類工作，還是他們的工作經驗塑造了這種非贏即輸的人生觀。我的猜測是前者比例較高，但沒有資料佐證，只能臆測。那是我們目前正在研究的議題。

有個問題讓這些訪問變得特別困難，就是那些受訪者能夠多誠實地去談論他們面對的掙扎。例如當面對高風險行爲、離婚、關係中斷、孤獨、上癮、憤怒、精疲力竭等狀況，他們會覺得這些行爲與負面結果，不是「不是加害者，就是受害者」這種價值觀造成的，相反地，他們會認爲上述狀況，恰是證實了人生非贏即輸的殘酷本質。

我觀察比較不接受脆弱的專業領域時，看到一種危險的形態逐漸成形，在軍隊裡尤其顯著。創傷後壓力導致的自殺、暴力、成癮、高風險行爲，都指向一個令人不安的事實：**對曾在阿富汗和伊拉克服役的軍人來說，回家的殺傷力比上戰場還要大**。從美軍進軍阿富汗到二〇〇九年夏季，美軍在當地戰場上不幸喪生的人數是七百六十一人，相較之下，同期自殺的士兵人數則多達八百一十七人，這個數字還不包括因暴力、高風險行爲、上癮而喪命的人。

德州大學的心理學家和自殺專家克雷格·布萊恩（Craig Bryan）最近離開美國空軍，他告訴《時代》雜誌，美國軍方發現他們陷入兩難的情境：「我們在訓練軍隊使用控制式的暴力與攻擊，面對逆境時需壓抑強烈的情緒反應，忍受身心的痛苦，克服對受傷和死亡的恐懼。但這些特質同時也和自殺風險的增加有關。」布萊恩接著解釋，軍方降低那種訓練的強度「一定會對軍隊的戰鬥力造成負面影響」。他以令人不寒而慄的方式，描述這種非贏即輸的世界觀對那些軍人造成的風險：「簡單來說，這些軍人的專業訓練，反而讓他們更容易自殺。」這種情況可能在軍中最爲極端，不過如果你檢閱警務人員的身心健康統計數據，也會發現同樣的現象。

同樣的道理也適用在組織裡。當我們領導、教導、鼓吹「不是加害者，就是受害者」、非贏即輸的想法時，也扼殺了信念、創新、創意和應變力。事實上，撇開

當我們鼓吹「不是加害者，就是受害者」的想法時，
也扼殺了信念、創新、創意和應變力

槍枝不談，軍警人員和美國企業裡的狀況很像。律師大致上受到的訓練都是非贏即輸、非勝即敗的觀念，他們的情況也沒比軍警人員好到哪去。美國律師協會指出，律師自殺率約近一般大衆自殺率的四倍。《美國律師協會期刊》（*American Bar Association Journal*）的文章寫道，探討律師憂鬱症和藥物濫用方面的專家，把律師的高自殺率歸因於完美主義，以及那樣的職業需要他們積極採取攻勢及抽離情緒，而那種心理可能逐漸影響他們的家庭生活。當我們教導孩子示弱是危險的，教導孩子應該盡量不要示弱，或者是親身示範這樣的心態時，也直接引導孩子走向危險和情感抽離。

「不是加害者，就是受害者」的防衛盾牌，不僅導致以加害者自居的人延續主宰、掌控、凌駕他人等行爲，也讓老是覺得自己遭到迫害或不公平對待的人，持續抱持受害者的心態。這種觀點讓他們只可能守住兩種立場：反過頭去凌駕他人，或者充滿了無力感。在訪談中，我聽到很多受訪者之所以認命地當個受害者，是因爲他們覺得自己唯一的替代選項就是反過頭去加害別人，但他們並不想那麼做。當你把人生選項縮限到那麼狹隘的極端角色時，就沒什麼希望轉型了。你不太可能產生有意義的改變。我想那是他們常感到絕望、難以掙脫困境的原因。

如何展現脆弱的力量？重新定義成功，重新接納脆弱，並尋求支持

如何從「不是加害者，就是受害者」的想法，轉變成接納脆弱的自我？爲了瞭解這件事，我們發現因爲後天學習或價値觀而去抱持這種想法的人，和因爲經歷創傷而有這種想法的人，當中有個顯著的差異。最終而言，有一個問題最能用來質疑這兩種心態背後的邏輯，那就是：你如何定義成功？

在這種非贏即輸的邏輯中，其實加害者認定的成功，和多數人衡量的標準是不一樣的。在競爭、戰鬥或創傷之中，存活或獲勝可能是成功，但是那種威脅的迫切一旦消失，光是存活並不足以構成生活。我前面提過，愛與歸屬感是男女老幼都不可或缺的需求，少了脆弱，就無法體驗愛和歸屬感。沒有連結的生活（不懂愛與歸屬感）不能夠算是勝出。恐懼和匱乏助長了「不是加害者，就是受害者」的心態，而重新接納脆弱的自己，就必須檢視讓人自卑的因素：是什麼助長了非贏即輸的恐懼？從那種心態轉變成全心投入生活的人都提到：培養關係裡的信任與連結，先決條件是以不爭強好勝的心態投入世界。

至於軍隊方面，我不是要主張比較溫和的戰力，我瞭解國家和保衛國家的士兵所面臨的現實狀況。我主張的是更溫和的大衆，大衆要有意願接納、支持、主動接

培養關係裡的信任與連結，
先決條件是以不爭強好勝的心態投入世界

觸這些爲我們展現無敵狀態的男與女。**我們願意主動接觸他們，與他們建立連結嗎？**

紅白藍隊（Team Red, White and Blue，TeamRWB.com）做的事情，就是展現人與人之間的連結，具有療癒及轉型效果的絕佳例證。他們的使命宣言指出，他們覺得最有效影響退伍軍人人生的方法，就是讓他們和社群裡的人建立有意義的關係。他們的做法是把受傷的退伍軍人和志工搭配成一組，讓志工陪伴退伍軍人用餐，陪同就醫，一起去看體育賽事，參與其他的社交活動。這種互動讓退伍軍人在社群中成長，認識支持他們的人，在生活中找到新的熱情。

我對這項工作的興趣不只源自於研究，也源自於我在休士頓大學的課堂上，和一群退伍軍人及軍眷，共同參與克服自卑計畫的特別經驗。那計畫改變了我的人生，讓我知道大眾能爲退伍軍人做的事情很多，我們對戰爭的政治立場和信念，不該阻止我們主動對他們展現脆弱、包容和連結。我對於那次經驗以及訪問退伍軍人所學到的一切充滿了感念。很多人爲戰爭的創痛感到難過，但那反而錯失了眼前療癒的機會。紅白藍隊的座右銘是「換我們上場了！」，那是號召所有想爲退伍軍人做點什麼的人站出來支持他們的行動呼籲。我現在正和他們合作，也邀請大家想辦法主動接觸他們，勇敢地採取行動，讓退伍軍人或軍人眷屬覺得他們並不孤單，對他們傳達訊息：「你的痛苦就是我的痛苦，你的創傷就是我的創傷，你療癒了，我也療癒了」。

創傷與脆弱的力量

我們都很想瞭解，爲什麼有些人歷經創傷後能展現強勁的復原能力，過著充實、全心投入的生活（那些創傷可能是戰爭、家暴、性侵或凌虐，或是比較安靜但一樣傷人的隱密性創傷，例如憂鬱、忽視、孤立或活在極度的恐懼或壓力下），但有些人卻從此遭到創傷所侷限，他們可能日後也變成同樣暴力的加害人，難以擺脫成癮問題，或是在任何情境下都覺得自己是受害者。

研究自卑情緒六年之後，我知道部分原因在於克服自慚形穢的感覺。復原能力最強的人會刻意培養前面幾章提到的四大要件。而其他原因我一直摸不透，後來我開始研究脆弱與全心投入以後才知道答案，覺得很有道理。如果我們被迫接受「不是加害者，就是受害者」的價值觀，把那當成求生機制，要放棄那樣的觀點簡直跟不要命沒什麼兩樣。我們如何期待他們放棄那種在認知與身心上支撐他們活下去的價值觀？沒有人能夠在缺乏大力支持與替補對策的狀況下，放棄既有的求生策略。要放下「不是加害者，就是受害者」的防衛盾牌，通常需要靠瞭解創傷的專業人士

> 不能僅以創傷的倖存者自居，
> 更要覺得自己是因創傷而更加茁壯的人

提供協助，支持團體也會很有幫助。

走出創傷、全心投入的受訪者都極力建議：

- 去意識到問題所在
- 尋求專業的協助或支持
- 面對隨之而來的自卑感和私密見光感
- 把重新接納脆弱內化成日常的練習，而不只是檢查清單上的項目

這些全心投入的人的訪談當中，一再提到修養心靈的重要，尤其是不能僅以創傷的倖存者自居，更要覺得自己是因創傷而更加茁壯的人。

其他防衛盾牌：盡情宣洩

我們的文化中有兩種過度分享的形式，第一種是所謂「強力放送」(floodlighting)，第二種是「強迫注意」(smash and grab)。

我們前面談論脆弱的迷思時討論過，過度分享並不是展現脆弱，事實上，那常導致連結中斷，以及不信任和疏離。

其他防衛盾牌：強力放送

想瞭解強力放送，我們必須明白這類過度分享的形式，背後意圖是多面的，通常包括：抒解自己的痛苦、測試關係忠誠度和包容度，或者是想裝熟，亦即想要立刻拉近原本陌生的關係（「我們明明才認識幾個禮拜，不過我告訴你這件事以後，我們就是超級好朋友了。」）可惜，對做過這種事的人（包括我）來說，結果通常適得其反：對方會畏縮迴避，反而加深了自己的自卑感和情感抽離。你不能利用自己的脆弱來宣洩不安，或是把脆弱當成一種關係的量表（「我和你講這件事，看看你還會不會跟我往來」），或是一種拉近關係的手段。關係不是那樣運作的。

通常當我們接觸外界，分享自己的恐懼、希望、掙扎和喜樂時，會創造出連結的小火花。我們共同的脆弱在平時黑暗的地方綻放了光亮，我把這種光比喻成閃爍光芒（我家全年都掛著這種燈，作爲一種自我提醒）。

黑暗與困境中的閃光有它神奇的地方，那光芒很小，單一亮光不是很特別，但是整串閃光就美極了。連結促成了它們的美感。至於脆弱方面，連結是指和**有資格聆聽的人**分享我們的故事，那些人是我們平日培養關係，也能夠承受我們故事的人。我們之間存有信任嗎？彼此感同身受嗎？可以互相分享自己的事嗎？可以向對

不能利用自己的脆弱來宣洩不安，
或是把脆弱當成一種關係的量表

方提出需求嗎？這些都是重要的連結問題。

當我們和沒有連結的人分享自己的脆弱，尤其是自卑自憐的事時，對方的情緒反應（有時是身體反應）通常是畏縮，彷彿我們把探照燈直接打向他們的雙眼似的。我們分享的脆弱不是微光，而是刺眼炫目、令人難以忍受的強光。如果我們是這種強光的接收者，會馬上舉手遮掩，把整張臉蒙起來（不只蒙住眼睛而已），轉向別處。等一切結束後，我們感到疲憊、茫然，有時甚至覺得受到操縱，但那些反應都不是分享的人會希望獲得的感同身受。即使是我們這些研究同理心及教導同理心技巧的人，當我們遇到有人過度分享，超出我們想要建立的連結時，我們也很難持續傾聽。

如何展現脆弱的力量？釐清意圖，設定底線，培養連結

光芒之所以美麗，主要是因爲它們存在黑暗中。生活中最強大的時刻，是發生在我們用勇氣、包容、連結串起點點微光，看它們在我們掙扎的黑暗中閃爍的時候。當我們利用自己的脆弱，對聆聽者強力放送強光時，那黑暗就消失了，結果是導致關係的中斷。於是，我們覺得關係中斷正好又驗證了我們永遠也找不到安慰，我不夠好，做人失敗。或者，在這個因爲過度分享而造成光芒短路的狀況當中，去

判定自己永遠也得不到想要的親密關係。我們心想：「展現自己的脆弱根本就是胡扯，不値得那樣做，我也不夠格。」但我們不明白的是，**利用脆弱**和**展現脆弱**是兩碼子事，兩者剛好相反。利用脆弱，反倒是一種防衛盔甲。

有時候，我們甚至不知道自己是用「過度分享」當作盔甲，我們可能一心想要有人聽我們說話，所以一股腦兒地讓脆弱自憐的事情傾洩而出。我們脫口說出讓自己感到極度痛苦的事情，因爲我們再也無法多憋一秒鐘。我們可能不是爲了自保，或拒人於千里之外而宣洩，但是我們的行爲就是造成那樣的結果。無論我們是宣洩的人或者是接受他人宣洩的對象，自我包容心都很重要。當我們太快和別人講太多事時，應該讓自己暫停一下。當別人強力放送他的事，導致我們難以招架時，我們應該練習讓自己仁慈一點。妄下批評，只會讓連結中斷更加惡化。

大家聽我這麼一說，有時會問我，我怎麼判斷哪些事該分享？還有如何分享？我在工作中分享很多自己的故事，我和所有人或所有聽衆之間，當然還沒有培養出信賴的關係。所以這問題很重要。我的回答是：在我公開講述我的事或分享我的脆弱之前，我會先和我愛的人好好討論。對於我要分享及不分享的事情，我會設定底線，並注意自己的意圖。

首先，我只分享我經歷過、覺得有紮實基礎可以分享的故事或經驗。我不分享

「利用脆弱」和「展現脆弱」是兩碼子事，
利用脆弱，反倒是一種防衛盔甲

我覺得「私密」的故事，也不分享太新的創傷經驗。以前我剛入行時，那樣做過一兩次，感覺很糟。我盯著上千位觀衆，每個人都一臉被強光照到的表情，沒什麼比那種情境更可怕的了。

第二，我依循我在研究所社工訓練中學到的規則。爲了教學或推動進度而分享自己的故事，是健康有效的，但是爲了私人目的而揭露資訊，則是不當也不道德的。第三，當我沒有未滿足的需求想要滿足時，我才會分享。我深信，當分享有療癒效果，而不是對觀衆的反應有所期許時，對廣大觀衆展現自己的脆弱，才會是個好主意。

我問過其他透過部落格、出書、公開演講分享故事的人，關於他們對這點的看法。我發現他們的方式和意圖和我非常相似。我不希望大家因爲害怕強力放送，便不再和外界分享自己的掙扎。但是在面對大衆時，注意分享的內容、理由和方式會很重要。我們都很感激有人寫出和說出自己的故事，提醒我們並不孤單。

如果你發現自己使用強力放送這個防衛盾牌，以下的檢查清單可能有幫助：

- 爲什麼我要講這個？
- 我想要得到什麼結果？

● 我感受到什麼情緒？
● 我的意圖是否符合我的價值觀？
● 講完的結果、對方的反應，或者沒有反應會讓我感到難過嗎？
● 講這些有助於我與他人的連結嗎？
● 我是否眞誠地向生活中的人表達我的需要？

其他防衛盾牌：強迫注目

如果強力放送是濫用脆弱，第二種過度分享就是把脆弱當成操弄的工具。「強迫注目」，意思就像盜賊砸壞門或櫥窗，抓了東西就跑，草率、馬虎又不顧後果。以這種方式作爲一種防衛脆弱的盔甲，就是以私密資訊打破他人的社交界線，搶走你能抓取的任何精神和注意力。我們最常在以譁衆取寵見長的名流、演藝圈文化中看到這種現象。

不幸的是，老師和學校的管理人員告訴我，他們現在看到中學的孩子就有這種行爲。和「強力放送」不同，強力放送至少是因爲需要肯定自我價值，「強迫注目」這種刻意揭露脆弱的行爲感覺較爲虛假。我訪問的人中，有這種行爲的人還不多，所以我無法充分了解他們的動機，但目前爲止我看到的動機主要是想要引人關注。

「強迫注目」是以私密資訊打破他人的社交界線，搶走你能抓取的任何精神和注意力

當然，想要引人關注的背後也有自我價值的問題，但是在社交媒體界，愈來愈難判斷連結的眞正意圖，以及這是否是在作秀。但我唯一確定的是，那不會是展現脆弱。

如何展現脆弱的力量？質疑意圖

這種暴露隱私的行爲感覺是單向的，對當事人來說，他們似乎只是想要觀衆，而不是想要親密的連結。當我們發現自己有這種強迫注目的行爲時，自我檢討的問題和前述的強力放送一樣，我覺得自問以下問題也很重要：「是什麼需求驅使這種行爲？」、「我是想接觸、傷害或連結某個人嗎？這樣做是正確的方式嗎？」。

其他防衛盾牌：迂迴蛇行

我平常不是特別喜歡看低級搞笑或脫線喜劇，我比較喜歡看浪漫喜劇，或是那種拖得很慢、角色導向的米高梅電影，所以我選用這個電影片段來比喻這種脆弱的自保機制似乎很怪，但是坦白講，每次我看這部電影，我都笑到沒力。光是想起這部電影，我就覺得好笑。

那是一九七九年的喜劇《妙親家與俏冤家》（*The In-Laws*），由彼得·福克

（Peter Falk）和亞倫・阿金（Alan Arkin）主演。阿金飾演牙醫師謝爾頓・孔培（Sheldon Kornpett），福克則飾演文斯・利卡多（Vince Ricardo），兩人在孩子結婚的前夕見面。謝爾頓是新娘的父親，文斯是新郎的父親。謝爾頓是個焦慮、古板、拘謹的牙醫，福克則是天不怕地不怕的中情局探員，覺得警匪槍戰是稀鬆平常的事。你可能已經猜到了，這位可愛但魯莽的探員把不知情的牙醫師捲入他混亂的特務世界。

電影本身其實很老套，但福克把瘋狂特務演得維妙維肖，阿金也完美詮釋了拘謹的牙醫角色。我最愛的一段是福克告訴嚇壞的阿金，用Z字蛇行逃命，可以在槍林彈雨中避免中彈。他們在機場的飛機跑道上遭到多位槍手狙擊，毫無防護，福克於是大喊：「蛇行！快點蛇行！」。牙醫奇蹟似地毫髮無傷逃進躲避處，但他突然想到剛剛忘記蛇行，所以又衝回槍林彈雨中蛇行重跑一遍。我實在太愛這一段了。

我不知道為什麼這段影片總是讓我捧腹大笑，但每次我看到都會大笑出聲，或許是因為福克瞪大眼睛跑來跑去大喊「蛇行！」的樣子，又或許是因為我記得以前和父親、哥哥一起看到捧腹大笑的樣子。直到今天，每次我們家對話的氣氛緊繃時，總會有人悠悠地說出：「蛇行」，然後我們就會笑了。

想形容人們大費周章來閃躲脆弱，蛇行是最好的比喻，但其實直接面對脆弱反

面對像脆弱那樣耗費心神的事情，
拐彎抹角地處理往往徒勞無功

而更省力。那也讓我們知道，面對像脆弱那樣耗費心神的事情時，拐彎抹角地處理往往徒勞無功。

「蛇行」，意指一種情境控制。脫離情境，假裝沒事，甚至假裝不在乎。我們用這種方式來迴避衝突、不安、可能的對峙，還有潛在的自卑、傷害或批評（自責或者他人的批評）。蛇行可能導致自我隱藏、裝模作樣、迴避問題、拖延、合理化、指責和說謊。

我感到脆弱時，容易出現想要蛇行的衝動。當我必須做出棘手的決定時，我會寫下反覆思考的正反面，說服自己應該再等一下，我會草擬一封電子郵件，並告訴自己用電子郵件回應比較好。我會想上百件別的事情來做，就這樣情緒反反覆覆，直到我精疲力竭。

如何展現脆弱的力量？在場，注意，前進

當我發現自己以迂迴的方式逃避脆弱時，想想福克在我腦中大喊：「蛇行！」總是很有幫助。那樣想讓我大笑，逼我喘口氣。喘口氣和幽默感是用來檢查我們的行為，然後開始接納脆弱感的絕佳方法。

蛇行讓人傷神，迂迴地迴避某件事不是生活的好方式。當我努力思考蛇行可能

有益的情境時，我想起某位住在路易斯安那州沼澤地的老人給過的建議。我父母曾帶我哥和我去沼澤地的水道上釣魚，當時我父親在紐奧良的公司上班，那沼澤地是公司的。帶我們進去裡面的人說：「如果鱷魚找上你們，就以Z字型的方式逃跑，牠們的動作很快，但不善於轉彎。」

鱷魚的確從水中躍起了，啃掉我母親的魚竿尾端，但沒有追咬我們。後來我們發現那個說法其實是個迷思，聖地牙哥動物園的專家指出，其實我們可以輕易跑贏鱷魚，不見得要以Z字型的方式跑。牠們移動的速度頂多只有時速十或十一英里，更重要的是，牠們跑不遠。牠們依賴的方式是突襲，而不是狂追獵物。就那方面來說，鱷魚其實很像住在自卑沼澤地的魔怪，不讓我們展現脆弱。所以我們無須蛇行，只需要在場，留心注意，然後向前邁進就行了。

其他防衛盾牌：憤世嫉俗、大肆批評、冷言冷語、殘酷無情

如果你決定走進競技場，放膽去做，你會遭遇一些攻擊。不管你的競技場是政治圈或是家長會，或者，你放膽去做的事是投稿校刊、升遷，還是上手工藝販售平台銷售自製的陶器，你都會收到一些冷嘲熱諷和批評，有些甚至是純粹惡意的抨擊，爲什麼？因爲憤世嫉俗、大肆批評、冷言冷語、殘酷無情比盔甲的效果更好，

如果我們是「不展現脆弱」的人，
看到有人勇敢示弱時，更會讓我們覺得倍感威脅

還可以變成武器。不僅把自己的脆弱趕得遠遠的，還可以傷害展現脆弱的人，讓人不安。

如果我們是「不展現脆弱」的人，看到有人勇敢示弱時，更會讓我們覺得倍感威脅，更想要攻擊與羞辱對方。別人的勇敢會變成一面令人不安的鏡子，反映出我們害怕站出去、發揮創意、讓大家看見眞正的自我。所以我們才會擺出張牙舞爪的姿態。當我們看到對方殘酷無情時，那很可能就是脆弱造成的。

我所謂的批評，不是對價値或貢獻的良性建議、辯論和歧見，而是對我們的動機和意圖加以貶抑、人身攻擊，或者是提出未經證實的指控。

而我所謂的憤世嫉俗，不是指健康的質疑，而是指反射性的批評，讓人不經大腦就脫口說出：「好蠢。」或「什麼餿主意！」冷言冷語是最常見的憤世嫉俗形式，例如「你高興就好」、「遜斃了」、「好無聊」、「誰在乎？」。對有些人來說，展現熱情與投入似乎是容易上當的表徵。太興奮或太投入讓你看起來很「遜」。在我們家，「遜」、「廢」、「笨」都是禁用語。

本章一開始，我提到青春期是開始穿戴盔甲的起點，在中學裡憤世嫉俗和冷言冷語是常態。我女兒就讀的中學裡，每個學生每天都穿著連帽衫，即便外頭高溫三十二度也一樣。他們不只把連帽衫當成酷炫配件，用來隔離自己的脆弱，我確定他

們還覺得連帽衫是件隱形斗蓬，直接縮在衣服裡，是他們隱匿的一種方式。他們戴上連帽，把手藏在口袋；他們吶喊著抽離，因爲**酷，就是要表現得什麼都不在乎**。

身爲成人，我們可能也會用冷漠來隔離脆弱，擔心別人覺得我們笑太大聲，擔心別人以爲我們眞的買帳，擔心別人覺得我們太在乎又太急切了。我們不常穿連帽衫，但我們可能會打著頭銜、學歷、背景、地位等名號，舉起憤世嫉俗、大肆批評、冷言冷語、殘酷無情的盾牌，例如「我的身分地位，讓我有資格用這樣的方式對你說話或者這樣抨擊你。」還有，我不是開玩笑，這種盾牌也可以打著特立獨行及否定傳統的旗幟，例如「我不屑你，因爲你過時了，你是個井底之蛙。」或「我這個人重要多了，也好玩多了，因爲我拒絕落入高等教育、傳統就業這種觀念的圈套。」

如何展現脆弱的力量？戰戰兢兢、克服自卑、確實檢查

我在一年內採訪了藝術家、作家、創新者、商界領袖、神職人員、社區領袖，詢問他們這些議題，問他們如何開放地接納建設性但刺耳的批評，同時篩除惡意的抨擊。基本上我想知道，他們是如何保持勇氣，然後繼續走向那座競技場。我承認，這些採訪的動機，主要是因爲我始終學不會堅持展現脆弱的力量，而苦苦掙

就像走鋼索一樣，克服自卑是那根平衡桿，
下方的安全網則是我們生命中的那一、兩個人

扎。

當我們不在乎別人怎麼想時，我們失去了連結的能力；但當我們受限於別人怎麼想時，我們卻又失去了展現脆弱的意願。如果我們不理會任何批評，我們會錯過重要的意見；但如果我們受惡意的影響，心靈難免會受到衝擊。那就像走鋼索一樣，克服自卑是那根平衡桿，下方的安全網則是我們生命中的那一、兩個人，他們可以幫助我們檢查那些批評與冷嘲熱諷是否屬實。

我是一個很重視視覺的人，所以我在書桌前方掛著一個人走鋼絲的圖，以提醒我保持開放心態並持續堅持底線，是值得投注心力與冒險的。我還用簽字筆在平衡桿上寫著：「自我價值，是我與生俱來的權利。」那同時提醒我時時克服自卑情緒，也是我的信念準則。當我心情特別惡劣時，我會在那張圖的下方貼一小張便利貼，上面寫著：「殘酷無情是一種廉價、不負責任又卑鄙的心態。」那也是我的信念準則。

有些全心投入的受訪者也曾用批評和冷嘲熱諷的方式保護自己免於脆弱情緒，他們分享了一些他們轉變為全心投入的深度智慧。很多人說他們的成長過程中，父母就展現了那樣防衛的行為，他們模仿了但不自覺，後來開始探索自己害怕脆弱的原因，嘗試新事物，積極投入之後才改善過來。那樣的人不是以貶低他人為樂的自

大狂，事實上，他們對自己的苛求往往比對別人還要嚴厲，所以他們雖然坦言自己常以惡意批評他人的方式來減少自我懷疑，但他們不止嚴以待人而已。

羅斯福「放膽」演講的第一句其實揭露了很多的道理：「榮耀不屬於批評者。」對那些以批評者自居的受訪者來說，他們絕對可以感覺到那種不受重視的感覺。他們常感到自己沒人理會，在生活中似乎沒有存在感。批評是讓人可以聽到他們的方式。當我問他們如何從傷人的批評轉爲建設性批評，如何從冷嘲熱諷轉爲貢獻他人時，他們把一切歸功於類似克服自卑的流程：瞭解是什麼促使他們發動攻擊，瞭解自我價值、對信賴的人透露想法，還有表達自己的需要。很多人需要深度挖掘「裝酷、裝不在乎」這個議題。爲什麼讓人覺得你酷，會變成驅動你的價值觀？假裝不在乎的代價是什麼？

害怕展現脆弱，可能導致我們展現殘酷無情、大肆批評和冷嘲熱諷的心態。爲自己的言語負責是自制的一種方法，勇敢在網路上署名發言，如果你不敢爲自己的言語負責，就別說。如果你有權掌控可讓人留言的網站，你應該大膽要求網友以眞名登入，負責爲網上社群營造一個尊重有禮的環境。

走鋼索除了要戰戰兢兢、時時克服自卑，還有培養受攻擊或受傷時接住自己的人脈安全網以外，我也採用另外兩種策略。第一個很簡單：只有同在競技場上的人所提出的回應或留言，我才會去接受和留意。如果你的留言偶爾也會受到攻擊，如果你也懂得在不被汙辱轟垮下持續接納他人的回應，我比較會願意去留意你對我工作的看法。相反的，如果你毫無幫助，毫無貢獻，或者沒有對抗魔怪的經驗，我對你的意見一點也不感興趣。

第二種策略也很簡單，我在錢包中放一張小紙，上面寫著那些意見對我來說很重要的人。想被列在上頭，你必須愛我的優點和缺點，知道我努力想要做到全心投入，但我依舊咒罵太多，脾氣不好，品味雜亂。你必須知道，也要尊重我一點都不酷。電影《成名在望》（*Almost Famous*）裡有一句經典對白：「在這個崩壞的世界裡唯一的共通語言，就是不裝酷，和別人分享自己。」

想要登上我的名單，你必須是像肥胖紋那樣被拉扯過的朋友，我們之間的連結經過用力的拉扯，已經變成我們的一部分，如同第二層皮，上面有一些紋路爲證。我們在彼此的眼中一點都不酷，我想任何人都只有一、兩個人有資格登上那份名單。重點在於，不要爲了贏得一個惡毒或「太酷」的陌生人認同，而忽視了這些密友。《反行銷》（*Unmarketing*）的作者史考特．斯特拉登（Scott Stratten），有句雋永名言最能有效提醒我們這一點：「別想爭取愚民的認同，你又不是笨蛋的頭頭。」

第 5 章

跨過理想和現實的差距：培養改變，消弭鴻溝

「**Mind the Gap**」——跨過理想和現實的差距，是種展現脆弱的力量的策略。我們必須跨過現實和理想間的差距，更重要的是，我們必須在文化中落實我們堅持的理想價值觀。跨過理想和現實的差距，需要接納自己的脆弱，同時培養克服脆弱的能力。我們可能必須在不安的新環境中以領導人、家長或教育者之姿現身，但我們不需要完美無缺，只需要投入，並堅持行動符合價值觀就行了。

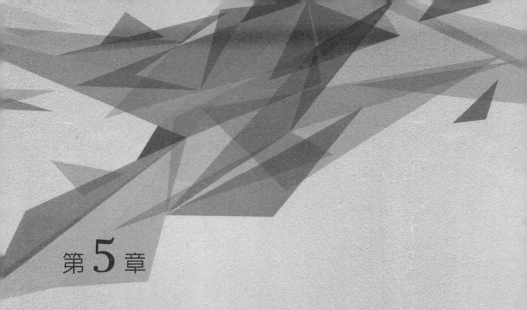

「Mind the Gap」（小心列車與站台之間的空隙），這個詞第一次出現在一九六九年的倫敦地鐵站，提醒乘客跨過月台和車門間的間隙時要小心。後來這個詞也成了某樂團和某部電影的名稱，從T恤到腳踏墊等很多東西上也印了這個標語。我們家掛了一幅裝框的明信片，上面寫著「Mind the Gap」，提醒我們注意「自己站的地方」和「想去的地方」之間的差距。且聽我解釋理想和現實間的差距吧。

當策略遇上文化

商業界始終有人爭論策略和文化的關係，以及兩者的相對重要性。在定義方面，我是把策略想成「行動計畫」，或是當你問「你想達成什麼？如何達成？」這個問題時，「策略」就是一個能回答這個問題的詳細答案。每個人都有行動計畫，舉凡家庭、宗教團體、專案團隊、幼稚園老師都有。我們都會思考想達成的目標及成功所需的步驟。

相反的，文化的重點不是我們想達成什麼，而是我們是誰。文化有許多複雜的定義，包括我大學社會學教科書裡充斥的說法，不過和我最有共鳴的定義是最簡單的。組織發展的先驅泰倫斯・迪爾（Terrance Deal）和艾倫・甘迺迪（Allan

Kennedy）解釋：「文化，是我們在某個地方做事的方式。」我喜歡這個定義，因爲這說法適用於各種文化的討論——從第一章我談到普遍存在的匱乏文化，到特定的組織文化，再到我家裡的文化都可以適用。

關於「策略、文化孰輕孰重」的討論，有些是我和領導人對話時冒出來的。有一派主張是源於意見領袖彼得．杜拉克（Peter Drucker）的名言：「文化重於策略。」另一派則認爲拿兩者相比是錯誤的二分法，我們兩者都很需要。有趣的是，我尚未找到強而有力的論點主張策略比文化重要。我想，大家都同意，**理論上**「我們是誰」比「我們想達成什麼」更重要。

雖然有些人抱怨這種爭論太老套了，像爭論先有雞還是先有蛋那樣無濟於事，但我覺得那對組織來說是很重要的討論。或許更重要的是，我覺得檢視這些議題可以改變家庭、學校和社群。

「我們在某個地方做事的方式」或又稱之爲「文化」。文化是很複雜的。以我個人的經驗，我問以下的十個問題，就可以洞悉團體、家庭或組織的文化和價值觀：

1. 這裡獎勵什麼行爲？懲罰什麼行爲？
2. 大家實際上怎麼運用資源（時間、金錢、注意力）？用在哪裡？

3.大家遵循、施行、忽略哪些規則和預期？

4.當大家談論自己的感覺，以及提出需要時，能感到放心，覺得自己受到支持嗎？

5.什麼是不可批評的？誰最可能推翻那些價值？誰在背後撐腰？

6.哪些事是傳奇，那些事傳達了什麼價值觀？

7.有人失敗、失望或犯錯時，會發生什麼事？

8.大家對脆弱（不確定性、風險和情緒衝擊）的看法如何？

9.自卑和指責有多普遍？以什麼方式呈現？

10.大家對不安情緒的集體包容度如何？這裡的不安情緒一般是出現在學習時？嘗試新事物時？還是給予及接收意見時？或者這裡比較多的是安心的情緒？（那是什麼樣的狀況？）

我將在後面的單元中逐一探討這些問題，以及我觀察的重點。但首先我想先談談這些問題討論會得出什麼結論。

身爲文化研究者，我認爲這些問題的功用，在於讓我們看清生活中最黑暗的面向：連結中斷、抽離，以及自我價值的掙扎。這些問題不只幫助我們了解文化，也

如果想找出問題並規劃轉型策略，
就必須去比較理想價值觀和實際價值觀之間的差距

突顯出我們言行之間的落差，或是主張的價值觀與落實的價值觀之間的差異。我的好友查爾斯·基利（Charles Kiley）形容「理想價值觀」是那些我們期許自己、釘在辦公隔板上、當成親子教養核心，或者公司願景宣言中的價值觀。如果我們想找出問題並規劃轉型策略，就必須去比較理想價值觀和實際價值觀之間的差距（亦即我們生活、感覺、行爲、思考的方式）。我們眞的言行一致嗎？還是光說不練？回答這個問題可能讓人相當不安。

想要，但做不到：產生抽離的分界

以下是我的理論：我在家庭、學校、社群、組織裡看到的問題大多根源於抽離，那有很多種形式，包括我們在「防衛脆弱的武器」那一章討論的那幾種。我們抽離是爲了保護自己免於脆弱、自卑、失落和失意。當我們覺得領導我們的人（老闆、老師、校長、神職人員、父母、政治人物）並未做到他們該履行的社會契約時，我們也會抽離。

政治，是**社會契約抽離**的好例子，雖然這個例子也令人感到痛苦。左右派的政治人物立法通過法律，但他們毋須遵守法律或者法律對他們毫無影響。他們的行爲換成是我們，可能導致我們被革職、離婚或被捕。他們鮮少展現他們主張的價值觀，光是看他們羞辱與指責彼此，就令我們感到丟臉。他們沒做到那些該履行的社會契約，選民的投票率顯示我們正對政治感到抽離。

宗教，是另一個社會契約抽離的例子。首先，抽離通常是因爲領導人沒落實自己鼓吹的價值觀。第二，在未知不確定的世界裡，我們往往亟欲獲得絕對的答案，那是恐懼時的自然反應。當宗教領袖利用我們的恐懼以及對確定性的渴望，從我們的心靈中抽離脆弱，並讓我們把信仰轉爲一種「服從和因果」，而不是教導與示範如何因應未知及接納神祕，信仰就此蕩然無存。少了脆弱的信仰如同政治，或者是更糟的極端主義。因爲我們心靈的相連和投入，不會是以服從爲基礎，而是愛、歸屬感和脆弱的產物。

所以，我們要問的是：**我們並未刻意製造家庭、學校、社群、組織裡那些助長抽離和關係中斷的文化，但那究竟是怎麼發生的？理想和現實間的差距在哪裡？**

差距的來源是：**我們沒有的，也給不了別人。「我們是誰」比「我們知道什麼」或「想成爲什麼樣的人」**更重要。

我們落實的價值觀是我們「實際的」作爲、思考與感受；理想的價值觀則是我們「希望有」的作爲、思考和感受，而兩者之間的落差就是那道價值間隙，或是我

我們沒有的，也給不了別人
「我們是誰」比「我們知道什麼」更重要

所謂「產生抽離的分界」。那是我們失去員工、客戶、學生、老師、教會會衆，甚至子女的地方。我們可以大步跨過那道分界，甚至助跑跳過我在家裡、職場、學校面對到的價值觀間隙，但是當那道分界擴展到某種程度時，一切已無法挽回。那也是爲什麼剝奪人性的文化，要培養高度抽離感的原因——他們刻意去創造一種價值落差，讓一般人相信自己無法跨越。

我們來看一些家庭裡常見的議題。我舉家庭爲例，是因爲我們都是家庭的一份子，即使我們沒有小孩，也是由成人扶養長大。在下面的每個例子中，落實的價值觀和理想的價值觀之間都有很大的落差，導致了抽離的分界。

1.理想的價值觀：誠實和正直
落實的價值觀：自圓其說，得過且過

母親一再灌輸孩子，誠實和正直很重要，在校不准偷東西和說謊。他們去超市購物完後，把購買的東西放進車內，這時母親發現店員結帳時沒算到購物車底下的汽水，她沒回店裡，而是聳肩說：「不是我的錯，反正他們賺翻了，不差這點錢。」

2.理想的價值觀：尊重和負責

落實的價值觀：快速和輕鬆比較重要

父親一再強調尊重和負責的重要，但是當哥哥故意弄壞弟弟的新變形金剛時，父親忙著用他的黑莓機，沒時間和兩兄弟坐下來談他們應該如何愛護彼此的玩具。他沒堅持要哥哥道歉和彌補，而是若無其事地心想：「男孩子比較皮嘛。」然後叫他們各自回房間。

3.理想的價值觀：感恩和尊重

落實的價值觀：取笑別人，視爲理所當然，不尊重別人

家長常覺得孩子不懂感恩，厭倦了孩子沒大沒小的態度。但家長自己也相互開罵，彼此大小聲。家裡沒人在說「請」或「謝謝」，家長自己也不說。此外，家長會取笑孩子，也會彼此取笑。家人經常相互戲弄，直到惹對方哭了才肯罷休。問題在於，家長希望孩子表現的行爲、情感和思維模式，是他們自己從未示範過的。

4.理想的價值觀：設定底線

落實的價值觀：叛逆、裝酷

茉莉十七歲，弟弟奧斯汀十四歲，父母完全禁止他們抽菸、喝酒及吸毒，可

家長希望孩子表現的行為、情感和思維模式，
必須是家長自己示範過的

惜禁令無效，兩個孩子都抽菸被逮。校方發現茉莉的水壺裡裝了伏特加，勒令她休學。茉莉看著父母大叫：「你們都好虛偽！你們自己高中的時候還不是在開狂歡派對？媽還不是坐過牢？你們告訴我們這些事時，還覺得那很有趣！甚至讓我們看那些照片！」

我們來看言行一致、價值觀相符的力量：

5. 理想的價值觀：情感相連和尊重
落實的價值觀：情感相連和尊重

爸媽在家中努力灌輸「感覺至上」的道德觀並且以身作則。某晚，杭特練完籃球後回家，顯然很不高興。高二的日子不太順遂，籃球教練經常數落他。他把書包扔在廚房的地板上，直接上樓。爸媽正在廚房裡準備晚餐，看到杭特悶悶不樂地回房間，爸爸關掉爐火，媽媽告訴杭特的弟弟，他們要去找杭特談談，請他先在樓下等候。他們一起上樓，坐在杭特的床邊。「我和你媽都知道過去幾週很辛苦，」父親說，「我們不太知道你的感受，但我們很想知道。以前我們念高中時也不太好受，我們希望能陪你一起度過。」**這是跨**

過理想和現實的差距和培養參與感的絕佳例子！這位父親受訪時告訴我，這樣做讓他們都覺得很脆弱，談話還沒結束前大家都哭了。他說和兒子分享高中時代的掙扎，讓他們的父子關係更加深厚。

我想強調這些例子都不是虛構的，而是節錄自訪談資料。我們不可能永遠當完美的榜樣，我知道我自己做不到。但是當我們落實的價值觀，經常和我們在文化中設定的預期互相矛盾時，免不了會造成情感抽離。如果母親去超市購物後已經筋疲力盡，有東西沒付帳就開車回家，那可能沒什麼大不了。但如果「無所謂，又不是我的錯」的心態變成了常態，母親也需要調整自己對孩子說謊時所抱持的期待。如果母親發現汽水沒付錢，但告訴小孩：「不管沒算到錢是誰的錯，我都應該回去付錢。我等一下就回去付。」那是很強大的力量，這裡給孩子的啓示是：「我的確想落實我的價值觀，在我們家，不完美或犯錯都沒關係，只要改正就好了。」

伏特加那個例子則是我常聽見父母提到的掙扎，他們說：「我以前很叛逆，做了我不希望孩子也做的事，我應該隱瞞這些不當的行爲嗎？」我自己以前也很叛逆，我覺得問題不在於要不要說謊，而是分享什麼，以及分享的方式。首先，我們做的事情不見得都要讓孩子知道，就像他們成年以後也不見得事事都要跟我們報

跨過理想和現實的差距，
需要接納自己的脆弱，同時培養克服脆弱的能力

備。所以我們應該考慮的是分享的動機，你應該根據自己想教導孩子什麼，來決定是否要分享以前的經歷。第二，跟孩子坦白談論毒品和菸酒，以及我們以前是否沾過這些東西可能有幫助。但是故意把我們麻痺自己或派對狂歡的經驗講得很酷，強調那是叛逆，最後可能會和我們希望孩子培養的價值觀相互矛盾。

還記得前面提到有關文化和策略的爭論嗎？我覺得兩者都很重要，我們需要策略來培養展現脆弱力量的文化。一如前面「理想價值觀 vs. 落實價值觀」的例子所示，如果我們想要重新建立連結及投入，就需要跨過兩者之間的間隙及差距。

「Mind the Gap」——跨過理想和現實的差距，是種展現脆弱的力量的策略。我們必須跨過現實和理想間的差距，更重要的是，我們必須在文化中落實我們堅持的理想價值觀。跨過理想和現實的差距，需要接納自己的脆弱，同時培養克服脆弱的能力。我們可能必須在不安的新環境中以領導人、家長或教育者之姿現身，但我們不需要完美無缺，只需要投入，並堅持行動符合價值觀就行了。

在後續兩章，我會運用前面介紹的概念，教導大家怎麼做才能全心投入及轉變我們教養、教育及領導的方式。以下三個問題是後續章節的指引：

1.「永遠不夠」的文化如何影響學校、組織及家庭？
2.在職場、學校、家庭如何發現與克服自卑？
3.在學校、組織、家庭如何跨過理想和現實的差距，以及放膽展現脆弱的力量？

第6章

破壞性投入：讓教育和職場重新人性化起來

爲了重新激發創意、創新與學習，領導人必須讓教育和職場重新人性化起來，這需要先瞭解匱乏感影響我們領導與工作的方式，學習如何展現脆弱，還有發現與克服自卑。別誤會，坦承脆弱和自卑是有破壞力的，我們之所以不在組織內談論這些事，是因爲它們會照亮黑暗的角落。一旦我們開始談論、意識與瞭解之後，回頭就幾乎不可能了，而且會有嚴重的後果。我們都想要放膽展現脆弱的力量，只要窺見那種可能性，我們就會把握那份願景，不會讓它消失。

本章開始之前，我想先釐清我所謂的「領導人」。我認爲領導人，是一個覺得自己有責任從人才與流程中發掘潛力的人。「領導人」這個詞彙，非關職位、地位或有多少下屬。我是爲每個人寫這一章，包括家長、老師、社群義工、執行長等等，任何一個願意以脆弱的力量作爲領導方式的人。

在「永遠不夠」的文化中，領導人要面對的挑戰

二〇一〇年，我有幸和矽谷五十位執行長共度週末，另一位受邀的講者是當時擔任威材公司（Serious Materials）執行長的凱文．蘇拉斯（Kevin Surace），二〇〇九年《Inc.》雜誌把他評選爲年度創業家。我知道蘇拉斯的演講主題是有關破壞性創新，在我們都還沒演講，他也不知道我的工作以前，我和他有了第一次對話。我問了他一個問題：「創意和創新的最大阻礙是什麼？」

他想了一下，對我說：「我不知道那有沒有一個名稱，不過坦白說：是一種想提出想法，但又怕被取笑和輕視的恐懼。如果你讓自己經歷那種體驗，又撐過那種體驗，那就會變成一種害怕失敗及錯誤的恐懼。大家會以爲意見的好壞代表自己的能力，所以意見不能太天馬行空，因爲自己不可能什麼都懂。問題是，創新的點子

創新的點子往往聽起來很瘋狂，
失敗和學習就是革新的一部分

往往聽起來很瘋狂，失敗和學習就是革新的一部分。革新和逐步去改變都很重要，我們需要它，但我們迫切需要的是真正的革新，那需要與眾不同的勇氣和創意。」

那次談話之前，我從來沒問過受訪的領導人對創新的看法，但蘇拉斯說的一切和我手邊有關工作與教育的資料相符，我微笑回應：「可不是嗎？多數人和多數的組織，都承受不了真正創新的不確定性和風險。學習和創造本質上就是脆弱的，我們永遠都會覺得不夠確定，希望獲得保證。」

他回我：「是啊，我也不知道這種問題有沒有一個名詞，但是跟恐懼有關的情緒阻止他們勇往直前，他們只專注在自己已經做得很好的部分，不敢出去闖蕩。」我們沉默了半晌，接著他看著我說：「我知道妳是研究者，究竟是研究哪一方面呢？」

我笑著說：「我研究**和恐懼相關的情緒**。我是自卑和脆弱的研究者。」

我回飯店後，抓起研究日誌，記下我和蘇拉斯的對話內容。我思考**和恐懼相關的情緒**時，想起我在同一本日誌裡寫的另一則筆記，我往前翻，發現我和一群中學生談課堂經驗後寫下的筆記。當我請他們描述學習的關鍵時，一位女孩給了以下的回答，其他人點頭如搗蒜，紛紛說：「對，就是那樣！」「沒錯！」

「有些時候你可以發問或提出質疑，但是如果老師不喜歡你那樣，或者班上同學因此取笑你，那就很糟。我想，我們多數人都學會低頭、閉嘴。成績好比較重要。」

我重讀這段筆記，回想我和蘇拉斯的對話，頓時百感交集。身爲教師，我感到心痛，當我們低頭閉嘴，是沒有辦法學到什麼的。身爲中學生和幼稚園生的母親，我感到憤怒。身爲研究者，我開始意識到教育體系裡的掙扎，和我們在職場上面對的挑戰有多麼相似。

一開始，我把這件事想成兩種不同的討論：一個是針對教育工作者，另一個是針對領導人。但是我回頭翻閱資料時，發現教職人員其實是領導人，而公司的「長字輩」大老、管理者和還有頂頭上司其實是教師。任何企業或學校都無法在缺乏創意、創新、學習下蓬勃發展，而對這三項來說，最大的威脅就是情感抽離。

根據我從研究中學到的，以及過去兩三年和學校及各行各業的領導人共事時的觀察，我認爲我們必須重新檢視「投入」的概念，**我稱之爲破壞性投入，就是這個原因**。爲了重新激發創意、創新與學習，領導人必須讓教育和職場重新人性化起來，這需要先瞭解匱乏感影響我們領導與工作的方式，學習如何展現脆弱，還有發現與克服自卑。

肯・羅賓森呼籲領導人，應該擺脫「人類組織應像機器一樣運作」的過時想

當我們低頭閉嘴，
是沒有辦法學到什麼的

法，並提到這項改變的威力。他在著作《讓創意自由》（*Out of Our Minds: Learning to be Creative*）中寫道：「無論機器的比喻對工業生產來說多有吸引力，人類組織都不是機器，人也不是裡頭的元件，人有價值觀和感情、觀感、意見、動機、成長背景，齒輪和鏈輪則沒有。組織，指的不是實體營運的設施，而是指裡頭的人際網絡。」

別誤會，坦承脆弱和自卑是有破壞力的，我們之所以不在組織內談論這些事，是因爲它們會照亮黑暗的角落。一旦我們開始談論、意識與瞭解之後，回頭就幾乎不可能了，而且會有嚴重的後果。我們都想要放膽展現脆弱的力量，只要窺見那種可能性，我們就會把握那份願景，不會讓它消失。

發現與克服自卑

自卑情緒助長了恐懼，破壞我們對脆弱的包容力，因此扼殺了投入、創新、創意、生產力與信任。最糟的是，如果我們不知道自己要的是什麼，自卑可能在我們看出問題徵兆以前，就摧毀我們的組織。自卑就像屋內的白蟻一樣，躲在牆後的暗處，不斷啃食基礎架構，直到有一天樓梯突然崩落，那時我們才意識到牆壁崩垮，只是時間早晚的問題。

就像在屋內漫步看不出白蟻問題一樣，在辦公室或校內遊走也不見得看得出自卑的問題。至少我們希望問題不是那麼明顯，萬一看出來了（假設我們看到上司訓斥員工，或是老師羞辱學生），那表示問題已經很嚴重，很可能已經發生很久了。不過，在多數情況下，我們必須知道評估組織是否有自卑問題時，應該注意哪些徵兆。

自卑已經滲入文化的種種跡象

指責、說閒話、偏袒、叫罵、騷擾，都是自卑已經滲入組織文化的行為線索，另一個更明顯的跡象，是把自卑直接變成一種管理工具。是否有證據顯示領導人霸凌他人、當衆批評下屬、公開譴責，或者設計刻意貶低、羞辱或傷人自尊的獎勵制度？

我從沒去過毫無自卑滲透的學校或組織。我不是斷然否定那種地方不存在，但我懷疑世上有那種地方。事實上，我解釋自卑的運作方式後，通常會有一、兩位老師走過來告訴我，他們平常就是採用讓人自卑的方式教學。多數老師會詢問如何改

把自卑直接變成一種管理工具，
是自卑已經滲入組織文化的行為線索

變那樣的做法，但有些人自豪地說：「那樣做很有效。」最好的情況是那種問題相當有限，不是文化常態。我之所以敢說每所學校都有自卑問題，原因之一是我們因爲研究自卑而訪問的男女中，有八十五％都記得他們在求學期間曾遭遇讓他們無地自容的經驗，那經驗改變了他們的學習態度。更令人心驚的是，這些回憶中約有半數是我所謂的「創意疤痕」。這些受訪者可以指出在某個事件中，有人告訴他或表現出他不是寫作、藝術、音樂、舞蹈或其他創意的料。我還是經常在學校看到這種事情發生：以狹隘的標準爲藝術打分數，或者在小孩才唸幼稚園的時候，就對他強調創意天賦。這可以解釋爲什麼一談到創意和創新，魔怪的惡勢力就特別強大。

企業也有自己的困境。職場霸凌學會（Workplace Bullying Institute，簡稱WBI）把霸凌定義爲「持續虐待：意指他人刻意阻止工作完成，持續謾罵、威脅、恐嚇和羞辱」。二〇一〇年，佐格比國際（Zogby International）爲WBI做的民調顯示，估計有五千四百萬美國勞工（美國勞動人口的三十七％）在職場上遭到霸凌。另一份WBI報告顯示，遭到霸凌的員工表示，雇主對霸凌置之不理的情況高達五十二．五％。

當我們看到自卑被拿來當成管理工具時（這裡是指職場霸凌、當衆批評、公開譴責，或刻意貶低的獎勵制度），我們需要直接採取行動，因爲那表示我們的麻煩近在眼前。我們需要謹記，那不是一朝一夕造成的。同樣需要記住的是，自卑（shame）就像另一個髒字「屎（shit）」一樣，是用sh-開頭，也跟屎一樣會往下滾落。如果員工經常受到羞辱，他們肯定也會以同樣的方式對待顧客、學生和家人。

所以，萬一發生這種情況，又集中在某個特定單位、工作團隊或個人時，就應該馬上處理，**但不能也採取羞辱人的方式處理**。我們在原生家庭裡學到羞辱，所以讓很多人在成長過程中學到這是有效管理他人、管理班級、教養子女的方式。因此，用羞辱的方式對待這種人並沒有用，但是放任不管也一樣危險，不僅受害者危險，對整個組織也有害。

幾年前，唐恩在聽完演講後來找我，他說：「拜託！訪問我吧！我是理財顧問，你肯定不敢相信我們公司裡的狀況。」我約他訪談時，他告訴我，他們公司規定，每季你可以根據單季績效挑選辦公室的座位。績效最佳者優先挑選，可以要求坐好位子的人讓出座位。

他搖頭，接著語帶哽咽地說：「過去六季我的績效都是最好的，妳可能以為我喜歡那種制度，其實我一點也不喜歡，我恨死了，那是很糟糕的環境。」接著他告訴我，上一季的績效報告出爐後，老闆走進他的辦公室，關上門，告訴他必須搬離那個位子。

我們在原生家庭裡學到羞辱，
所以讓很多人學到這是有效管理他人、教養子女的方式

「起初我以爲是我的績效下滑了，接著他告訴我，他不在乎我的績效是否最好，或我是否喜歡那個辦公室，他的目的是想嚇嚇其他的人，他說：『震撼教育是一種訓練，可以激勵人心。』

訪談結束前，他告訴我他正在找工作，「我現在的工作做得不錯，甚至樂在其中，但我無意加入恐嚇別人的行列，我從來不知道那種感覺爲什麼那麼糟，但是聽完妳演講之後，現在我懂了，那就是自卑的感覺，比高中時代還嚴重。我要找更好的地方工作，而且我肯定會把客戶一起帶走。」

在《讓自己更好》（暫譯）（*I Thought It Was Just Me (but it isn't)*）這本書中，我提過希爾維亞的個案。希爾維亞三十幾歲，是活動策劃者，她接受訪談時一開口就說：「我眞希望妳是半年前訪問我，那時的我深陷在自卑中，和現在判若兩人。」我問她怎麼回事時，她解釋她是從朋友口中得知我的研究，並且主動要求受訪，因爲她覺得自卑改變了她的人生。最近她在職場上遇到了重大改變，被歸入了「後段班」。

前兩年雇主都說她「表現優異」，但最近她第一次犯了個大錯，那個錯誤害公司失去一個大客戶，老闆因此把她歸入「後段班」。她說：「一瞬間，我就從前段班轉爲後段班的榜首。」希爾維亞提到「後段班」時，我大概不自覺地顫了一下，因

爲我還沒回應任何話，她就說：「我知道，那感覺很糟，我老闆在他的辦公室外掛了兩張白板，一張上面寫著前段班名單，另一張上面寫著後段班名單。」她說後續幾週，她像行屍走肉一般，幾乎無法工作，信心盡失，做起事來開始丟三落四。自卑、焦慮、恐懼主宰了她。苦撐了三週以後，她辭職到其他公司上班了。

讓人自卑，最終只會導致對方情感抽離以求自保。當我們抽離時，就不會想再表現，不會想再貢獻，也不會想在乎了。最極端的抽離會使人合理化解釋各種不道德的行爲，包括說謊、偷竊、陽奉陰違。以唐恩和希爾維亞爲例，他們不只抽離，更辭去工作，投效競爭對手，發揮才華。

當我們評估自卑的跡象時，也要注意外在的威脅——影響領導人與員工對工作觀感的外部力量。我自己身爲教師，兩個姊妹也是公立學校的老師，弟媳是公立高中的副校長，我身邊就有很多這類例子。

幾年前，我妹妹艾希莉哭著打電話給我，我問她怎麼了，她告訴我《休士頓紀事報》公布休士頓獨立校區每位老師的名字，以及他們根據學生標準考試成績所領的獎金。當天我還沒看到報紙，我一聽嚇了一跳，也很疑惑。

「艾希莉，妳是教幼稚園啊，妳的學生還沒參加考試，妳的名字也登在上面嗎？」

艾希莉解釋，她的名字也在上面，報紙還說她領的獎金最低，但報紙沒說那其

讓人自卑，最終只會導致對方情感抽離以求自保，
當我們抽離，就不會想表現，不會想貢獻，也不會想在乎了

實是幼稚園老師最高可領的金額。試想一下，公開報導每個人的薪水或獎金，而且還報導錯誤，如果對其他專業人士也那麼做，會是什麼情況？

「我整個人感到無地自容，」艾希莉哭著說，「一直以來我只想做個老師，拚命投入，向家裡每個人募款，以便能爲買不起文具用品的孩子添購文具。下班後我繼續留在學校，幫家長帶孩子。我實在不懂，有好幾百位老師跟我一樣努力，但這些報紙會報導嗎？不會，而且不只我如此，我認識一些最優秀的老師，他們主動教導一些有學習困難的孩子，完全沒想過那對他們的考績或獎金會有什麼影響，因爲他們那樣做是因爲他們熱愛工作，對那些孩子充滿信心。」

不幸的是，這種公開羞辱教師的評鑑制度不只發生在德州，如今也變成美國各地接受的做法。幸好，大家終於勇敢發聲了，當紐約州上訴法院裁定老師的個人考績評估可以公開後，比爾蓋茲投書《紐約時報》：「開發系統化的方式幫老師自我提升，是如今最強大的教育理念，但最快破壞它的方法就是把它扭曲成公開羞辱。我們應該把焦點放在建立眞正幫助老師自我提升的人事制度上。」

我把比爾蓋茲的投書內容貼上我的臉書專頁，許多老師紛紛留言。一位資深老師的留言令我相當感動：「對我來說，教學是一種愛，不光是在傳遞資訊，而是在塑造神祕、想像、探索的氛圍。當我因爲某些懸而未決的痛苦或恐懼而失意，或是

覺得自卑感強烈到難以承受時，我就不再眞正去教學了……我只是在傳遞資訊。我覺得一切都無關緊要。」

老師不是唯一需要面對組織外部羞辱（尤其是媒體）的人。我對經常遭到大衆貶低、討厭或誤解的專業人士演講時（例如律師、牙醫、金融業人士），他們也常要求我談這個議題。我們可能會翻白眼心想：「拜託，我們當然討厭他們！」但是我可以告訴各位，做好份內工作卻遭人討厭的感覺一點也不好受，對個人和文化可能造成嚴重的傷害。

這種媒體羞辱發生時，身爲領導人，我們能做的最有效應變，是勇敢說出來。堅持資訊正確，要求對方負責，然後號召受影響的人一起站出來對抗，我們不能假裝那對員工毫無傷害。而在個人方面，我們可以拒絕接受，並且抵制那些造成個人壓力的專業刻板印象。

怪罪他人

關於自卑和責怪之間的關係，最好的思考方法如下：如果責怪是駕駛，自卑就是駕駛座旁邊的乘客。在組織、學校、家庭裡，責怪和指責通常是一種自卑的症

就像怪罪他人是組織自卑的徵兆一樣，
掩蓋事實的文化也是靠羞辱感讓眾人保持緘默

狀。自卑研究者茱恩．湯妮（June Tangney）和蘭達．狄林（Ronda Dearing）解釋，在深受自卑情緒所困擾的關係中，我們會「仔細衡量、權衡，然後想推卸責任。面對任何負面結果時，不管負面程度，我們一定會想找到**某人或某物**負責，不會有『事過境遷』的概念。」他們又補充寫道：「畢竟，如果要怪罪**某個人**，那個人肯定不是我，而是你！怪罪造成自卑，之後也會導致受傷、否認、憤怒、報復等情緒。」

怪罪他人，就是在釋放痛苦和不安。我們感到不安與痛苦時（脆弱、憤怒、受傷、自卑、悲痛等情緒時），會怨天尤人。怪罪他人本身毫無生產力，通常涉及羞辱他人，或者是壞心眼。如果你們的文化裡有怪罪他人的現象，就需要認眞看待自卑問題。

粉飾太平的文化

另一個和責怪有關的議題是掩蓋事實。就像怪罪他人是組織自卑的徵兆一樣，掩蓋事實的文化也是靠羞辱感讓眾人保持緘默。當組織的文化要求保護系統及掌權者的聲譽，比保護個人或社群的基本人性尊嚴更重要時，你可以確定自卑就是整體的問題，此時金錢主導了道德，當責蕩然無存。這點適用在所有系統上，從企業、非營利組織、大學、政府、教會、學校、家庭，到體育活動都是如此。你只要回想一下過去因掩蓋事實造成的重大事件，就會看到這種模式。

在尊重個人尊嚴的組織文化中，不會以羞辱和怪罪作爲管理風格，也不依靠恐懼領導。同理心是重要的資產，當責是應該而非例外，管理者不會利用人對歸屬感的原始需求做爲社交掌控。我們無法控制個人的行爲，但我們可以培養組織文化，不容許那樣的行爲，要求大家負責保護最重要的：人性。

要解決如今面對的複雜議題，我們無法缺乏創意、創新，以及投入的學習。我們不能因爲對自卑議題感到不安，而妨礙我們去認知源於職場的自卑問題，並加以克服。想要打造克服自卑的組織環境，以下是四項最佳策略：

1. 支持願意展現脆弱的力量的領導人，促進大家坦然談論自卑，培養克服自卑的文化。
2. 鼓勵大家用心觀察組織中何處可能有自卑現象，自卑可能是如何滲入我們和同事及學生互動的方式中。
3. 正常化（normalize）是克服自卑的重要策略。領導人和管理者可教大家預期

在尊重個人尊嚴的組織文化中，
不會以羞辱和怪罪作為管理風格

什麼樣的狀況，培養大家的參與感？什麼是共同的難題？其他人怎麼處理？你有什麼經驗？

4. 訓練所有員工瞭解自卑和內疚的差異，教他們如何以有益成長和參與的方式去提出與接納意見。

透過意見反饋，跨過理想和現實的差距

在**脆弱的力量**文化中，人們會提出誠實、有建設性且認眞的意見，在組織、學校、家庭中都是如此。我知道家庭裡通常有缺乏意見反饋這個問題，不過，當我發現職場經驗訪談中，也把「缺乏意見反饋」列爲主要問題時，我很驚訝。現在的組織在績效評估時非常重視各項指標，反而很少提出、接納與徵詢寶貴的意見。就連學校也不太重視了。學習需要意見反饋，那比考卷上的分數或電腦標準化的考試成績有效多了。

這問題很簡單：少了意見反饋，就無法徹底變革。當領導人不告訴部屬他們的優點和成長機會時，他們會開始質疑自己的貢獻和領導人的投入，抽離感隨之而來。

當我問大家爲什麼他們的組織與學校缺乏意見反饋時，他們的用語不同，但兩大議題是一樣的：

1. 難以啓齒的對話令我們不安。
2. 我們不知道該如何提出與接納意見，才能促進個人和流程的進步。

幸好這些都是可以解決的問題，如果組織把塑造意見反饋的文化視爲要務去具體落實，而不只視爲理想價値，這些狀況就會發生。大家都很渴望意見反饋，都想要成長，我們只是需要學習有助於啓發成長及投入的意見反饋方式。

我當下就覺得，在盛行意見反饋的文化裡，目標不在於「讓人放心談論難以啓齒的話題」，而是**把不安和尷尬的感覺正常化**。如果領導人期待眞正的學習、批判性思考和改變，就應該把不安和尷尬正常化，告訴大家：「我們知道成長和學習令人充滿不安全感，這會在這裡發生，你們會感受到。我希望你們知道那是正常的，也是我們預期的，我想請大家保持心胸開放，積極投入。」這在所有層面和所有的組織、學校、信仰團體，甚至家庭中都是如此。我在全心投入的組織中，都可以看到這種把不安和尷尬正常化的形態，我自己在課堂上及家裡也落實這種方法。

> 如果要讓教育產生變革，不安和無法預期是必要之惡，
> 領導人的挑戰在於教導周遭的人把不安視為成長的必經過程

爲了學習如何教學，我大量閱讀貝爾．胡克斯（bell hooks）和保羅．弗萊勒（Paulo Freire）等作家爲投入式教育與批判式教育學所寫的書籍。最初，當我看到「如果要讓教育產生變革，不安和無法預期是必要之惡」這種觀念時，我嚇了一跳。現在，我在休斯頓大學任教第十五年了，我總是告訴學生：「如果你覺得學習很愉快，那表示我沒有教學效果，你也沒在學習。在這裡學習會讓你感到不安，沒關係，那很正常，是過程的一部分。」

讓大家知道不安是正常的、不安一定會發生，還有爲什麼會發生和爲什麼重要，可以減少焦慮、恐懼和自卑。短暫的不安會變成大家預期中的常態。事實上，我常遇到學生下課來找我說：「我沒有感到不安，讓我有點擔心。」這樣的交流常促成重要的討論，以及學生的參與和課堂教學的意見反饋。領導人的挑戰在於致力培養大家面對不安的勇氣，教導周遭的人把不安視爲成長的必經過程。

至於如何提出可以幫助個人與流程進步的意見，我是往我的社工背景尋求解答。就我個人的經驗來說，提出寶貴意見的關鍵在於採用「優勢觀點」。社工教育學家丹尼斯．沙勒比（Dennis Saleebey）指出，從優勢觀點看績效，讓我們有機會從能力、才華、可能性、願景、價值觀、希望來檢視我們面對的問題。這觀點並未忽視問題的本質，但需要我們把正面特質視爲潛在資源。沙勒比提出：「否定可能

性和否定問題本身一樣是個錯誤。」

一種瞭解優勢的有效方法，是檢視優勢與限制之間的關係。如果我們看看自己最擅長什麼和最想改變的是什麼，通常會發現兩者其實是根本上相同，但程度不同的行為。我們檢討多數「缺點」或「限制」時，都可以看到裡頭潛藏著優勢。

例如，我可能因為亟欲掌控及事必躬親，而把自己搞得精疲力竭；但從另一個角度看，我可以肯定自己很負責可靠，並堅持優質的作品。事必躬親的問題仍然存在，但是從優勢觀點來看，我有了信心來檢討自己，並且評估我想要改變的行為。

我想強調的是，優勢觀點不是讓我們粉飾問題的工具，以為問題就此解決了。而是讓我們先盤點自己的優點，然後運用那項優點來因應相關的挑戰。我在課堂上教導學生這種觀點時，要求他們對自己做的簡報提出意見並接納意見。當一名學生簡報後，他會收到每位同學的意見。聆聽簡報的學生必須找出簡報的三個優點及一個改進機會。有趣的點在於，我要求其他學生必須根據他們評估出來的優點，去建議做簡報的同學如何改進那個機會點。例如：

優點

1. 你用感性的個人故事報告，立刻引起我的興趣。

「優勢觀點」不是讓我們粉飾問題的工具，
而是讓我們先盤點自己的優點，然後運用那項優點來因應相關的挑戰

2. 你舉的例子和我的生活有關。
3. 你最後歸納出可行的策略，呼應了我們課堂上的學習內容。

機會點

你的故事和舉例讓我和你及你說的內容產生共鳴，但因此有時候我很難一邊看投影片的內容，一邊聽你說。我不想錯過你說的內容，但又擔心沒看到簡報上的重點。或許投影片上的字數可以減少，或是考慮不用投影片。你不需要投影片也可以吸引我聆聽。

研究清楚顯示：**脆弱扮演了意見反饋流程的核心**。無論我們扮演的是提出意見、接收意見或者是徵詢意見的人，事實都是如此。即使我們受過訓練，曾經提出也接納過意見，但脆弱感並不會消失。不過，經驗的確讓我們知道我們可以撐過考驗。冒險是值得的。

我發現大家在意見反饋的流程中，常犯的一大錯誤是「武裝應對」。爲了不讓提出或接納意見的脆弱感影響自己，我們全副武裝應戰。我們很容易以爲只有接收意見的人才會感到脆弱，其實不然。誠實投入對參與的每個人來說，永遠都充滿了不確定性、風險和情緒衝擊。以下是一例，蘇珊是某大型高中的校長，她必須讓一

位老師知道幾位家長的投訴。家長抱怨老師上課時咒罵，用手機講私人電話，也放任學生蹺課及打電話。在這個例子中，「武裝應對」可能有幾種形式。

蘇珊可以填寫警告單，把單子放在那老師的桌上，等老師進來，她只說：「這是家長的投訴，我記了幾條違規的內容，請簽名，別再犯了。」她三分鐘就解決了這件事，毫無意見反饋、成長和學習，反正就是結束了。這位老師改變行爲的機率很渺茫。

另一種武裝應對的方式是說服自己是對方活該，理當受罰。蘇珊和多數人一樣，比較習慣訴諸怒氣而非脆弱，所以她壯大自信，有點自以爲是地說：「我對這種事情已經煩透了，如果這些老師尊重我的話，就不會做出這種事。我受夠了，**她從第一天來這裡教書就是個問題人物，妳想在教室裡打混，就混吧，我要讓妳看看這裡的規矩。**」原本她有機會給予建設性的意見及培養關係，這下變成了雙方對立。事情也是了結了，但毫無意見反饋、成長和學習，很可能不會有任何的改變。

我承認我自己也有很多類似的衝動，我脾氣衝，反應快，容易感情用事。我習慣訴諸怒氣，還不太擅長勇敢示弱，所以常在展現脆弱前先武裝應對。幸好，我的研究教導我，當我有自以爲是的感覺時，那表示我感到恐懼，那是一種深怕自己有錯、怕惹毛他人或受到指責時，先虛張聲勢以求自保的方式。

我從來不和客戶隔著桌子對談，
而是坐在他旁邊的位置上

站在同一邊

我受的社工訓練很強調我們對人說話的方式，甚至連我們坐在哪裡及怎麼坐都很注意。例如，我從來不和客戶隔著桌子對談，而是走到客戶坐的那一側，坐在他旁邊的位置上，讓我們中間不會隔著龐大的物體。我記得有一次我去找社工系的教授談某一科的成績時，她從辦公桌後方起身，請我坐到另一個小圓桌旁，她拉了一張椅子坐到我旁邊。

我為那次對話武裝準備時，原本是想像她坐在那張大型的金屬辦公桌後方，我大膽地把報告挪到她面前，要求她解釋這個成績是怎麼一回事。她坐到我旁邊後，我把報告放在桌上，她說：「妳來找我談報告的事，我很高興。妳的報告寫得很好，我喜歡妳的結論。」她拍拍我的背，這時我才尷尬地意識到我們坐在桌子的同一側。

我一聽非常困惑，脫口說出：「謝謝，我眞的花了很多心思。」

她點頭說：「我看得出來，謝謝妳。我扣分是因為論文撰寫格式的問題，我希望妳多注意一下，把它改正，那篇報告可以投稿，我不希望附註的格式問題導致那份報告無法刊出。」

我還是很疑惑，心想：「她覺得那報告能投稿？所以她喜歡那份報告嗎？」

「妳需要論文撰寫格式上的協助嗎？那東西很麻煩，我花了幾年才熟悉。」她說。（**這是把尷尬和不安正常化的好例子**）

我告訴她，我會修正附註的格式，問她願不願意幫我看修改後的報告，她欣然答應了，並對流程提出一些訣竅建議。我謝謝她撥冗見我，離開時，我對我的成績及老師的關心都充滿了感念。

現在，我把「站在同一邊」拿來比喻意見反饋，我用它來建立「**積極意見反饋的檢查清單**」：

以下情況表示我已經準備好提出意見了：

- 我準備好坐在你旁邊，而不是坐在你對面。
- 我願意把問題放在我們面前，而不是我們之間（或推卸給你）。
- 我準備好傾聽、提問、接受我可能還沒完全理解的議題。
- 我想肯定你做得好的部分，而不是挑你的錯誤。
- 我肯定你的優點，找出你如何運用那些優點來因應挑戰。

- 我可以在不羞辱你或責怪你的情況下要求你負責。
- 我願意為我自己負責。
- 我真心感謝你的努力，而不批評你的失敗。
- 我可以談論解決這些挑戰會如何促進你的成長和機會。
- 我可以示範我希望你也能做到的脆弱和開放。

在我的網站上（www.brenebrown.com）可以找到這份宣言

武裝式的意見反饋，無法促成持續、有意義的改變

當學生、教師、父母都站同一邊時，教育會有什麼不同？當領導人坐在下屬旁邊說出以下的話時，參與度會有什麼變化：「謝謝你的貢獻，你讓情況有了進展。這件事阻礙了你的成長，我想我們可以一起解決，你對進步有什麼看法？你覺得我面對問題時扮演什麼角色？我能做哪些改變來支持你？」

我們回頭看前面蘇珊的例子，那位全副武裝來因應對立的校長。如果她看了這份檢查清單，她會發現自己還沒準備好提出意見及擔任領導人，但是在家長投訴不斷地累積下，時間是一大考量，她知道情況需要處理。在身受壓力下，我們很難以正確的心態提出意見。

所以，當我們覺得自己的心態不夠開放時，如何能營造讓人安心展現脆弱與成長的場所。武裝式的意見反饋無法促成持續、有意義的改變。沒有人能在被痛批的同時，還可以開放接納別人的論點或負起全責。遇到抨擊時，我們先天的反應會開始主導我們想辦法保護自己。

蘇珊最好的做法是親身示範自己想看到的開放心態，向同仁徵詢意見。我訪問重視意見反饋的人時，他們都談到向同儕徵詢意見、尋求建議，甚至演練棘手情境的必要性。如果我們不願尋求意見及接納意見，永遠都不會知道如何提出好的意見。如果蘇珊可以先打理好自己的情緒再面對員工，她比較可能看見她想要的改變。

有些人可能納悶：「蘇珊的員工問題很簡單，是小事啊，何必爲那樣的問題花時間徵詢同仁的意見？」這個問題問得好，答案也很重要：問題的大小、嚴重度或複雜性，不見得會反映出我們對問題的情緒反應。如果蘇珊無法和那位老師站在同一邊，無論那問題有多簡單或違規情況有多明顯都不重要。蘇珊可能在徵詢同仁意見時發現，這位老師的行爲確實大有問題，或者不專業的行爲已經變成一群老師的危險常態。提出與徵詢意見是爲了學習和成長，瞭解自己及我們因應周遭的方式，是這個流程的基礎。

如果可以先打理好自己的情緒再面對員工，
比較可能看見想要的改變

意見反饋無疑是我們生活中最難因應的競技場，但我們應該謹記，眞正的勝利不是得到好的意見，也不是避免提出難處理的意見，或者迴避意見，而是脫下盔甲，站出去積極投入。

展現脆弱的勇氣

最近我對休士頓大學的沃夫創業中心（Wolff Center for Entrepreneurship）演講，那課程是幫三十五到四十位優異的大學生配對導師，提供他們廣泛的商業訓練，是全美頂尖的大學創業課程。我受邀到課堂上演講脆弱及經驗的力量。

在演講完後的問答時間，一位學生問我一個問題。我相信我談脆弱時，那問題也是很多人心裡的疑惑。他說：「我明白爲什麼脆弱很重要，但我做的是銷售，我不知道脆弱該是什麼樣子。如果顧客問我有關產品的問題，我不知道答案，然後直接告訴他我內心的想法：『我是新來的，我眞的不知道自己在做什麼。』那就是展現脆弱嗎？」

全班原本都轉過去聽他提問，現在大家都轉回頭來看我，彷彿在說：「對啊，那感覺很遜，我們眞的應該那樣做嗎？」

我的回答是「該」也「不該」。在那個情況下，展現脆弱是承認自己不知道，正眼看著顧客說：「我不知道答案，但我會想辦法找出答案，因爲我想確定你獲得的是正確的資訊。」我這麼解釋。不願承認脆弱，承認自己其實不懂，往往會讓人編理由來閃避問題，更糟的是瞎掰。那對任何關係都是致命的打擊，我訪問銷售人員時學到一點：銷售主要是在培養關係。

所以，雖然我不會告訴客人我不知道自己在做什麼，但我的確覺得和某人分享那種感覺還是有意義的，例如：可給予支持和指引的導師，或是可幫你學習、把經驗正常化的同事。試想，當你不知道自己在做什麼，卻努力說服客人你懂，既無法尋求協助，又沒人可以討論困境，那產生的壓力和焦慮有多大。人心就是這樣失去的，持續投入那樣的環境太難了。我們會開始想辦法敷衍，不再關心，抽離心思。我演講完後，一位導師來找我說：「我在職場上一直是做業務，對我來說，沒有什麼比勇敢說出『我不知道』或『我搞砸了』更重要了，坦白與開放心胸是我們在生活各個面向成功的關鍵。」

去年我有機會在德州奧斯汀訪問T3（The Think Tank，智囊團）的創辦人凱·蓋狄絲（Gay Gaddis）。T3是頂尖的整合行銷公司，專門在各種媒體進行創新的行銷活動。一九八九年，蓋狄絲把一萬六千美元的退休金領出來圓夢，創立廣告公

創業本身就會讓人感到自己的脆弱，
關鍵完全在於處理與管理不確定性的能力

司。二十三年後，公司已經有好幾個區域型的客戶，蓋狄絲把T3打造成全美女性獨資成立的最大廣告公司，在奧斯汀、紐約、舊金山都有分公司，客戶包括微軟、UPS、摩根大通銀行（JP Morgan Chase）、輝瑞（Pfizer）、好事達（Allstate）、可口可樂、雪碧（Sprite）。靈活的生意頭腦和企業文化讓她獲得全國的肯定，獲選爲《快速企業》（*Fast Company*）的二十五位頂尖女性企業家、《*Inc.*》雜誌的年度十大創業家、《職業婦女》（*Working Mothers*）雜誌的二十五位廣告界年度職業婦女。連白宮都肯定蓋狄絲及T3推出的友善家庭職場方案「T3 and Under」（編按：允許父母親帶小孩來公司工作的職場方案）。

我訪問蓋狄絲時，一開始就對她說，最近一位財經記者告訴我，創業家不像企業的領導人那樣受到系統的層層保護，所以無法展現脆弱。我問她對這種說法有什麼看法時，她微笑回應：「你封閉了脆弱，也等於封閉了機會。」

她的解釋如下：「根據定義，創業本身就會讓人感到自己的脆弱，關鍵完全在於處理與管理不確定性的能力。人永遠在變，預算會變，董事會也會變，競爭意味著你必須保持靈活和創新，創造遠景，並達到那個願景，因爲沒有願景就沒有脆弱。」

我知道蓋狄絲花了很多時間在教學與指導後進上，所以我問她，對於接納不確定性的創業新手，她有什麼建議。她說：「創業家想要成功，需要培養強大的支持人脈，也需要一個好的導師。你需要學習如何隔絕雜訊，以明白自己的感受和想法，然後開始下苦功。創業過程無處不讓人感到脆弱。」

另一個與脆弱的力量相關的好例子是在企業裡，是運動品牌露露檸檬（Lululemon）的執行長克莉斯汀．戴伊（Christine Day）採用的領導方法。戴伊在接受CNNMoney訪問的影片中，解釋她曾經是很精明幹練的管理者，「擅長追求正確」。然而，當她發現要讓大家參與並負責不是靠「要求」，而是讓大家在目標的指引下自行投入，而她的任務只是去營造一個讓大家表現的空間時，她從此改變了。她說這轉變是從「最有想法或最會解決問題」變成一個「最佳的領導人」。

她描述的轉變是從掌控全局到展現脆弱，亦即冒險與培養信任。雖然脆弱有時候會讓人感到力不從心，但她的轉變是強大的變化。戴伊把分店數從七十一家提升至一百七十四家，總營收從二．九七億美元提升到近十億美元，股價從二〇〇七年公開上市以後漲了三百%。

在伴隨影片專訪的文字訪談中，戴伊一再提到，即使遇到失敗，脆弱的自己依舊是創意、創新與信任的發源地。戴伊的領導指標之一是「發現創造神奇的人」，她解釋：「負責、冒險、進取心是我們招募員工時尋找的特質，我們想要有發揮個

讓大家參與並負責不是靠「要求」，
而是讓大家在目標的指引下自行投入

人神奇力量的人。我們文化中的運動員很棒，他們習慣獲勝，也習慣失敗，他們知道在失敗後如何因應與改進。」戴伊也強調允許大家犯錯的重要，「我們的金科玉律是什麼？你搞砸了，就由你來善後。」

在企業、學校、宗教團體，任何系統甚至家庭中，我們都可以從你多常聽到大家公開說出以下的話，來判斷大家接納脆弱的程度：

- 我不知道
- 我需要幫助
- 我想試試看
- 這對我很重要
- 我不認同，但我們可以談一談嗎？
- 這麼做雖然行不通，但我學到很多經驗
- 對，是我做的
- 這些是我需要的
- 這是我的感覺
- 我希望你們提供一些意見

- 我能聽聽你對這件事的看法嗎？
- 我什麼地方下次可以做得更好？
- 你能教我怎麼做嗎？
- 我有參與那件事
- 我願意負責
- 我支持你
- 我想幫忙
- 繼續加油吧
- 對不起
- 這對我來說意義重大
- 謝謝

對領導人來說，脆弱往往看起來像不安，感覺起來也像不安。賽斯・高汀（Seth Godin）在著作《部落：一呼百應的力量》（*Tribes: We Need You to Lead Us*）中寫道：「領導力很稀有，因爲鮮少人願意體驗領導的不安全感。稀有，使領導力更顯得彌足珍貴……面對陌生人令人不安，提出可能失敗的想法令人不安，質疑現狀

當你察覺到自己的不安，
你就找到了一個領導人需要的特質！

令人不安，抗拒想要安穩的衝動令人不安。當你察覺到自己的不安，你就找到了一個領導人需要的特質。如果你在工作上擔任領導人並未感到不安，那幾乎可以確定你並未充分發揮領導潛力。」

我檢閱資料時，閱讀了我訪問領導人的訪談記錄。我心想，當被領導的人有機會對領導人提出他們的需要時，不知道學生會對老師說什麼？老師會對校長說什麼？客服人員會對老闆說什麼？可能會對老闆要求什麼？我們希望別人對我們有哪些瞭解？我們需要從別人那裡獲得什麼？

我開始寫下這些問題的答案時，發現答案看起來很像任務宣言，以下是問題中所浮現的：

脆弱的力量之領導宣言

寫給執行長與教師，寫給校長與管理者，寫給政治人物、社群領袖和決策者：

我們想要站出去展現自己，我們想要學習，我們希望獲得啓發。

我們天生就想要培養關係，天生就充滿好奇心，想要參與和投入。

我們渴望目的，亟欲創造與貢獻。

我們想要冒險，接納弱點，想要放膽展現脆弱的力量。

當學習和工作失去人性，當你再也看不見我們的投入，不再鼓勵我們放膽展現脆弱的力量，或者，當你只看見我們的生產力或績效，我們也會開始抽離自己——我們放棄這世界需要我們的才華、想法和熱情。

我們要求你們加入，跟我們一起站出去展現自己，並且向我們學習。

意見反饋是尊重的基礎。當你無法與我們誠實談論我們成長的優勢和機會時，我們也會開始質疑自己的貢獻，和你的投入。

最重要的是，我們要求你們站出去，讓大家都看見真正的你。與我們一起放膽展現脆弱的力量。

在我的網站上（www.brenebrown.com）可以找到這份宣言

第 7 章

全心投入的教養法：放膽去做孩子的榜樣

我們自己是什麼樣子以及我們投入世界的方式，比我們對親子教育的瞭解，更能預測孩子未來的發展。至於，在這個「永遠不夠」的文化中如何教導孩子，重點其實不是「我的教養方式對嗎？」而是「你有做到孩子的榜樣嗎？」

在永遠不夠的文化中，如何教養孩子？

我們都希望有一本親子教養手冊，可以按圖索驥，回答我們所有未解的疑問之外，還能掛保證，並且減少我們的脆弱不安。我們想知道是不是依照某些規則或某位教養專家主張的方法，孩子就能一覺到天明，充滿喜樂，交友順利，專業有成，平平安安。教養的不確定性可能讓我們感到沮喪，甚至恐懼。

對於教養子女這樣充滿不確定性的事，我們亟欲追求安全感，這讓教養策略顯得既吸引人又危險。我說「危險」是因爲確定感往往導致絕對、偏執和評判，所以家長對彼此的教養看法充滿了批判——一旦我們只鎖定單一方式，很快就會覺得**我們的**方式才是**絕對的**方式。當我對自己選擇的教養方式太過偏執時，會覺得別人選擇別種方式，就是對我們教養方式的直接批評。

諷刺的是，親子教養之所以會變成充滿自卑與評判的地雷區，正是因爲我們養育子女時，大多需要面對許多的不確定性和自我懷疑。畢竟，當我們對自己的決定充滿信心時，我們鮮少會去做出自以爲是的判斷：如果我眞的很放心自己給孩子吃的食物，而你買了非有機的牛奶，我又何必對你翻白眼？但是如果我對自己的選擇有所疑慮時，自以爲是的批判，就會在某些明顯的教養時刻出現——因爲我擔心自

認為「自己夠好了」的自我價值觀會始於家庭，
父母的教養方式，為我們的人生定了調

己不是**完美的父母**，那份恐懼驅使我需要去確認：**起碼我比你還會養孩子**。

在我們的內心深處，其實埋藏著對孩子的期許和擔心，同時還埋藏了一個駭人的眞相：沒有完美教養這回事，也沒有所謂的教養保證。從關於「親密育兒法」的爭論，到「歐洲教養方式」有多好，到「虎媽」及「直升機父母」的輕蔑，全美親子教養的激烈辯論，讓我們因此忽略了一個重要又棘手的事實：我們自己是什麼樣子以及我們投入世界的方式，比我們對親子教育的瞭解，更能預測將來孩子未來的發展。

我不是親子教養專家，事實上，我甚至不太相信有所謂的「教養專家」存在。我是一位投入但不完美的母親，也是熱情的研究者。我在前言中提過，我是經驗豐富的製圖者，也是個偶爾失足的旅行者。我和很多人一樣，親子教養這一塊，是我最脆弱的冒險。

我從一開始研究自卑，就收集了有關親子教養的資料，並密切注意受訪者如何談論父母的教養方式，以及自己對子女的教養方式。原因很簡單：認爲「自己夠好了」的自我價值觀會始於家庭。我們的故事當然不會只停留在家庭裡，但我們從小對自己的瞭解，以及學習投入世界的方式，爲我們的人生定了調，那定調可能會讓我們花費大半輩子時間，努力重新找回自我價值；或者相反的，爲我們一生的旅程提供希望、勇氣與韌性。

我們的行爲、思維和情感無疑是先天注定的，並受到後天環境的影響。我不想妄自揣測兩者所占的百分比，但我相信先天和後天的比例永遠不可能有確定值。不過我深信，說到愛、歸屬感和自我價值，我們受到原生家庭的影響最大——我們聽到、受到什麼樣的教導，或者最重要的：我們如何觀察父母的言行，以及投入世界的方式。

身爲父母，我們對孩子的性情與人格的掌控可能比我們**想像的**還少，對匱乏式文化的掌控也比我們**想要**的少。但我們在其他領域的確有很大的教養機會：如何幫孩子瞭解、運用、欣賞自己的天賦，如何教導他們堅韌地面對「永遠不夠」的文化訊息。至於，在這個「永遠不夠」的文化中如何教導孩子放膽展現脆弱的力量，重點其實不是「我的教養方式對嗎？」而是「你有做到孩子的榜樣嗎？」

正如兒童教育學者約瑟夫．奇爾頓．皮爾斯（Joseph Chilton Pearce）所寫的：「我們的身教對孩子的影響比言教更大，所以我們必須是我們希望孩子成爲的榜樣。」即使有時候教養時的脆弱感令人心慌，我們卻不能因此武裝自己或迴避它，脆弱是最能教導與培養連結、意義、關愛的沃土。

脆弱是家庭生活的核心，界定我們最開心、恐懼、自卑、失望、關愛、歸屬、

我們的「身教」對孩子的影響比「言教」更大，
所以我們必須是我們希望孩子成為的榜樣

感恩、創意、日常驚喜的時刻。無論我們是抱著孩子、站在孩子旁邊、追著孩子跑，或是透過孩子緊鎖的房門和他們對話，脆弱的力量塑造我們，也塑造孩子。

當我們迴避脆弱時，等於把親子教養變成競爭，把重點放在聽懂、證明、執行和衡量，而不是**自己本身**。當我們不去管「誰比較優秀」，放下學校招生、成績、體育、獎盃、成就等標竿時，我想絕大多數的人都同意，我們希望孩子達到的，就是我們希望自己達到的——我們希望養出全心投入與熱愛生活的孩子。

如果目標是全心投入生活，那麼最重要的是，我們應該努力把孩子養成下面這樣：

- 自信參與世界
- 接納自己的脆弱與不完美
- 對自己及他人有深厚的關愛和包容
- 重視努力、毅力和尊重
- 自己擁有眞實感和歸屬感，而不是向外尋求
- 有勇氣展現自己的不完美、脆弱和創意
- 別因爲自己的與眾不同與自我掙扎，就覺得丟臉或沒人愛

- 勇敢而堅強地在這個瞬息萬變的世界裡活下去

對家長來說，我們需要：

- 承認我們自己沒有的東西也給不了孩子，所以我們必須讓孩子分享我們成長、學習、改變的旅程。
- 辨識我們的盔甲，示範給孩子看如何卸下盔甲，勇敢示弱，站出去，讓大家都看見真正的你。
- 在我們持續邁向全心投入的旅程中，尊重孩子。
- 從「自足、知足」的角度教養孩子，而不是從匱乏的角度。
- 跨過理想和現實的差距，並落實我們想要教導的價值觀。
- 做到放膽展現脆弱的力量，可能比過去的自己都要大膽。

換句話說，如果我們希望孩子愛自己與接納自己，我們也必須以同樣的方式對待自己。想培養勇敢的孩子，我們就不能在生活中採用恐懼、羞辱、責怪、批判的方式教養。爲我們的生活帶來目的與意義的是包容和連結，那只有在體驗過後才能

全心投入的親子教養不是搞定一切，傳承下去，
而是一起學習與探索

學到，而家庭是我們第一次體驗的機會。

在本章中，我想分享我從親子教養研究中學到的自我價值、克服自卑和脆弱的力量。這研究深深改變了我和史蒂夫對親子教養的想法與感受，徹底改變了我們認定的輕重緩急、我們的婚姻，以及日常行爲。由於史蒂夫是小兒科醫生，我們花很多時間討論親子教養的研究和多種教養模式。我這裡的目標不是要教你如何教養孩子，而是分享新的觀點，讓大家透過那個新觀點，瞭解養育全心投入的孩子，需要放膽展現脆弱的力量。

瞭解與克服自卑

相信我們一旦有了孩子之後，孩子的人生旅程才開始，我們的人生就結束了，那是可怕的迷思。對很多人來說，我們一生中最有趣、最有生產力的時候，是在我們有了孩子以後。對絕大多數人而言，最大的挑戰和掙扎也是在中年之後。全心投入的親子教養不是搞定一切，傳承下去，而是一起學習與探索。相信我，在有些時候，孩子在人生旅程中甚至遠在前方等著我，或是回頭拉我一把。

我在前言中提過，把我訪問過的男女大致分成兩組——一組深深感受到愛和歸

屬感，另一組老是苦求不得——區分這兩組的唯一變數是：感受到愛與歸屬感，並且能付出愛的人，相信自己是**值得**被愛與歸屬的。我常說全心投入的生活就像顆北極星：我們從來沒辦法眞正到達北極星，但北極星讓我們確定自己是否朝正確的方向邁進。教養出相信自我價值的孩子，需要我們在旅程中以身作則，讓孩子看到我們的努力應對。

關於自我價值，有一點很重要，那就是自我價值沒有先決條件。相反的，我們大多爲自我價值列了一長串的先決條件——亦即我們繼承、學習、無意間耳濡目染的一些自我設限。這些先決條件大多屬於成就、功績、外部接納等類別，是一些以「如果／當」造句的問題（「當我……，就有資格……」或「如果我……，就有資格……」）。我們可能沒有把這些問題寫下來，我們甚至沒有意識到這些先決條件，但我們都有一份清單寫著：「當我……，就有資格……」。

- 當我減肥成功……
- 如果這所學校錄取我……
- 如果我妻子沒外遇……
- 如果我們沒離婚……

自我價值沒有先決條件！

- 如果我升遷……
- 當我懷孕了……
- 當他約我出去……
- 當我們在這個區域買下房子……
- 如果沒人發現……

自卑感喜歡我們有這些先決條件。我們的「如果/當」自我價值清單，很容易就會變成魔怪的代辦清單。魔怪會說：「不要讓她忘記她媽媽覺得她應該減掉嬰兒肥。提醒他，新老闆只看得起有MBA學位的人。要是她忘記所有朋友去年都升了合夥人，不要忘了戳醒她。」

身爲家長，我們應時時注意我們是否有在有意無意間傳達給孩子先決條件，如此才能幫助孩子培養克服自卑及提升自我價值的能力。注意我們是否有明示或暗示孩子，什麼因素會讓他們更討人喜歡或更不討人喜歡？或者，我們只是把焦點放在需要改變的行爲上，然後明確告知他們基本的自我價值並不受影響？我常告訴家長，我們暗示孩子的訊息當中，有些最具破壞性的訊息是來自第三章討論的女性化和男性化規範。我們是否明示或暗示女兒，苗條、乖巧、端莊是自我價值的先決條件？我們是否同時教導女兒，男生也有溫柔和體貼的一面？我們是否灌輸兒子，我們希望他們壓抑情緒、以金錢和地位爲重、積極衝刺？我們是否同時教導兒子把女性當成一個聰明能幹的人，而非物化女性？

先決條件的另一個根源是完美主義。在研究自我價值的十幾年間，我發現完美主義其實是會傳染的。當我們極力追求自我完美、活得完美、看起來完美時，我們可能也替孩子套上了完美的束縛衣。在第四章提過，完美主義不是教導孩子如何追求卓越或成爲最佳自我，而是教導他們把別人的想法看得比自己的想法或感覺更重要，是教導他們去表現、討好和證明自己。不幸的是，我自己生活中就有許多這方面的例子。

例如，艾倫第一次上學遲到時，她馬上就哭了。她對於自己沒守規矩，讓老師或校長失望，難過到了極點。我們一再告訴她那沒什麼大不了的，每個人偶爾都會遲到。當晚我們爲了首次安度遲到事件，在晚餐後辦了一場小小的「遲到派對」。她才終於相信遲到沒什麼大不了，其他人可能不會因爲這種人之常情，而改變對她這個人的看法。

時間快轉到四天後的週日上午，眼看著我們上教堂做禮拜快遲到，我急哭了，「爲什麼我們老是無法準時出門！我們快遲到了！」艾倫抬頭看我，認眞地問：「爸

完美主義不是教導孩子如何成為最佳自我，
而是教導他們把別人的想法看得比自己的想法或感覺更重要

和查理馬上就來了，我們有錯過什麼重要的事嗎？」我毫不遲疑地說：「沒有，我只是討厭遲到偷偷溜進教堂的感覺，那是九點的禮拜，不是九點零五分。」她先是露出困惑的表情，接著馬上笑著說：「那沒什麼大不了的，妳不是說每個人偶爾都會遲到嗎？我們回家之後，我會幫妳辦遲到派對。」

有時候先決條件和完美主義是以微妙的方式傳遞下來。我得到的最佳教養建議之一，是來自作家童妮．摩里森（Toni Morrison）。那是二〇〇〇年五月，當時艾倫還不滿一歲，摩里森小姐上談話節目《歐普拉》（*Oprah*）宣傳新書《最藍的眼睛》（*The Bluest Eye*）。歐普拉說：「摩里森提到：當孩子第一次走進我們的房間，我們才知道自己是什麼樣的人。她講得很好。」她請摩里森進一步說明。

摩里森說，觀察孩子走進房的樣子很有意思。歐普拉問：「那時你的表情是否爲之一亮？」摩里森解釋：「以前我孩子還小的時候，他們走進房間時，我會看看他們褲子有沒有扣好，頭髮有沒有梳好，襪子有沒有拉好……你覺得自己是在展現深深的關愛，因爲你在乎他們，其實不然。孩子看著你，只看到批判的臉色，彷彿在對他們說：『你又怎麼了？』」她的建議很簡單，但是從此徹底改變了我，她說：「讓表情傳達你心裡的想法。當孩子走進房間，我會讓我的表情顯示看見他們我很高興。只要注意這樣的小細節就夠了。」

我幾乎天天都想著那個建議，那變成我日常落實的慣例。當艾倫穿戴整齊走下樓梯準備上學時，我不希望我對她講的第一句話是「把頭髮綁起來」或是「那雙鞋跟衣服不搭」，我希望我的表情傳達出能看到她、和她在一起，我有多高興。當查理從後門回到家，因爲抓蜥蜴而弄得滿身大汗和一身髒時，我希望我能先微笑，再對他說：「洗完手再摸東西。」我們往往以爲親子教養需要採取批判、教訓和嚴厲的態度，但我們看著孩子的臉色，可能會成爲批判孩子的先決條件，或者也可能用來培養孩子的自我價值。所以當孩子踏進我的房間，我不想批評他們，我想綻露喜色！

除了注意先決條件和完美主義以外，我們也可以用另一種方式來幫助孩子維持與培養自信，這方法和前幾章學到「自卑」與「內疚」的差異有關。研究顯示，預測孩子多容易自卑或內疚的主要指標，即是親子教養。換句話說，父母會強烈影響孩子對他自己的看法，以及對困境的看法。我們知道自卑情緒和上癮、憂鬱、攻擊、暴力、飲食失調、自殺等行爲正相關，內疚則和這些行爲負相關，所以我們自然想教導孩子多用內疚來自我對話，而不是以自卑情緒來自我對話。

這表示我們需要分開檢視孩子「本身」和他們的「行爲」。如此一來我們會發現「你很壞」和「你做了壞事」有明顯的差異。這不只是語義差異而已，自卑情緒會侵蝕我們「相信自己」和「相信自己可以更好」的那部分自我。當我們羞辱孩子，又為他們貼上標籤時，我們也剝奪了他們成長與嘗試改變的機會。孩子**說謊騙人**，他可以改變說謊的行為；但是當孩子被視為**騙子**時，還有什麼改變的可能？

想要培養更多的內疚式自我對話，減少自卑式自我對話，需要重新思考我們管教孩子，以及對孩子說話的方式。但是那也表示我們需要向孩子解釋這些概念。當我們願意談論自卑時，孩子很樂於聆聽。等他們四、五歲時，我們可以跟他們解釋內疚和自卑的不同，以及告訴他們即使做錯事，我們還是很愛他們。

艾倫唸幼稚園時，某天下午老師打電話到家裡告訴我：「我現在完全明白妳的意思了。」

我問她為什麼，她說那一週稍早，她看到艾倫在勞作中心裡，老師說：「艾倫！妳怎麼亂成這樣。」艾倫一本正經地說：「我可能弄得很亂，但我不亂。」（那天我變成了「恐龍家長」）。

查理也懂得區別自卑和內疚。我發現我們家的狗從垃圾桶叼東西時，我罵牠：「壞狗狗！」查理從附近走了過來，大聲說：「黛西是好狗狗，只是做了不對的選擇，我們都愛牠！我們只是不愛牠做的事！」

我試圖解釋差異：「查理，黛西是一條狗。」他回應：「喔，我懂了，黛西是一隻好狗，只是做了不好的事。」

自卑和羞愧的感受讓孩子感到痛苦，因爲那和沒人愛的恐懼有分不開的關係。對小孩子來說，他們仍舊依賴父母提供食物、保護和安全才得以生存，沒人愛的感覺是一種生存威脅，也是一種創傷。我相信，我們自卑和羞愧時之所以會覺得自己幼稚渺小，是因爲我們的大腦把早年自卑的經驗當成創傷儲存了起來，一旦勾起那段記憶，我們又會回到早年的場景。目前還沒有神經生物學的研究可以證實這點，但我記錄了數百份訪談資料，都出現類似下面的模式：

「我不知道發生了什麼事，老闆在我的小組面前罵我是白癡，我無法回應。瞬間我似乎又回到國小二年級波特老師的班上，啞口無言，無法做出任何像樣的回應。」

或者：

「我兒子再次揮棒落空，我實在受不了，我一直說我絕對不會做出我老爸對我做的事，但我還是在他的隊友面前喝斥他，我甚至不知道這一切是怎麼發生的。」

在第三章中，我們學到大腦對社交回絕或自卑羞愧的反應和身體病痛一樣，我猜想，也許我們以後會有資料佐證我的假設（孩子把羞辱當成創傷儲存在腦內），但目前我可以毫不猶豫地說，**童年被羞辱的經驗改變了我們的爲人處事、自我看法**

自卑和羞愧的感受讓孩子感到痛苦，
因為那和沒人愛的恐懼有分不開的關係

和自我價值觀。

我們可以努力避免用羞辱作爲教養工具，但孩子在外界仍可能遇到羞辱的情況。幸好，當孩子瞭解自卑和內疚的差別，知道我們有興趣和他們談談感覺和經驗時，他們比較可能會把那些老師、教練、神職人員、保姆、祖父母，以及其他影響他們生活的成人對他們的羞辱經驗告訴我們。這很重要，因爲那給我們機會把羞愧感裁除，就像裁切相片一樣。

我常以剪貼簿爲比喻，來談論羞辱對兒童的影響。身爲家長，我們一旦瞭解羞愧和自卑是什麼，就更有可能意識到自己曾經在無意間羞辱了孩子。這種事情的確會發生，就連自卑研究者也遇過。由於羞辱可能帶來嚴重的後果，我們也開始擔心，即使我們在家中努力避免羞辱孩子，孩子在外頭遇到的羞辱還是可能影響他們一輩子。那些經驗都會發生，在我們殘酷的文化中，辱罵、奚落、取笑相當常見。不過，幸好，我們可以決定那些經驗對孩子的人生會有多大的影響。

我們大多記得兒時的受辱事件，感覺像揮之不去的成見，但是更有可能的情況是，我們記得那些事件，是因爲父母並未開明地談論自卑情緒，沒致力教導我們克服自卑，所以我們沒和父母溝通過這些經驗。我不會因此怪罪我父母，就像我也不會怪我祖母當年開車時，讓年紀還小的我站在駕駛座旁邊一樣。畢竟他們當年還得不到我們今日唾手可得的資訊。

我現在是採取以下的方法，來思考自卑情緒和自我價值：「人生是相簿，不是單張相片。」想像你自己打開一本相簿，裡面放著許多尺寸8×10的相片，上面記錄的是一次次令你感到自慚形穢的場景。你可能會闔上相簿後，心想：「羞愧與自卑定義了我這個人。」相反的，你也可以想像自己打開那本相簿，看到幾張小小自卑的相片，但每張相片旁邊都還圍繞著別張照片，那些照片是關於你的自我價值、希望、努力、復原力、勇氣、失敗、成功與脆弱。那些自卑和羞愧的場景只不過是大故事的小插曲，並未定義你整個人生。

我們無法讓孩子完全避免掉被羞辱的經驗，我們的任務是教導與示範如何克服自卑。從談論自卑是什麼，以及自卑如何在生活中出現開始做起。我訪問的成人中，有些人的父母是以羞辱孩子作爲親子教養的主要工具，這些人長大以後，比起很少被羞辱且能和父母訴苦的人，更難以相信自我價值。

如果你的孩子已經大了，不知道現在才教導他們克服自卑和羞愧，或者改變他們的人生相簿是否太遲，答案是不會，這種事永不嫌遲。爲自己的經驗負責，即使是棘手的經驗亦然，這樣我們才有權決定人生的結局。幾年前，我收到一位女性來信寫道：

為自己的經驗負責，
才有權決定人生的結局！

妳的研究以奇妙的方式改變了我的人生。我母親在德州阿馬里洛的教會聽妳演講，後來，她寫了一封長信告訴我：「我不知道自卑和內疚是不同的，我想我老是讓妳感到自卑，其實我是想讓妳覺得內疚而已。我從來不覺得妳不夠好，我只是不喜歡妳的選擇，這卻讓妳感到自卑。過去做的事情，我無法挽回，但我想讓妳知道，妳是我這輩子獲得最棒的禮物，我以當妳母親爲榮。」我眞不敢相信，我母親七十五歲，我五十五歲，這封信對我竟然有如此強大的療癒效果，而且它改變了一切，包括我自己教養小孩的方式。

除了幫孩子瞭解自卑，多採用內疚式自我對話，而不是自卑式自我對話以外，我們也必須注意「自卑洩漏」。即使我們不直接羞辱孩子，自卑還是可能出現在我們的生活中，對家庭產生強大的影響。基本上，我們無法教出比我們更懂得克服自卑的孩子。比如說，我當然可以鼓勵艾倫喜歡自己的身體，但糟糕的是，她會觀察我自己如何看待我的身體。或者說，我可以安慰查理，第一次參加樂樂棒球比賽之前，不需要去通盤瞭解棒球規則，也不要擔心跑壘時跑錯方向；但更糟糕的是，查理有沒有看過他父母嘗試新事物遭遇錯誤或失敗時，也能夠以身作則，不進行自我批判？

在教導孩子克服自卑方面，正常化是最有效的工具之一。就像我在上一章講的，正常化是指幫助孩子瞭解自己並非特例，他們的父母也面臨許多同樣的掙扎。當家長說出：「我也是耶」，或者分享類似困境的個人經歷時，親子之間會產生珍貴的共鳴，這可以套用在面對社交情境、他們的身體變化、孩子的自卑情緒、遭到冷落的感覺，或者想勇敢卻感到害怕的時候。

如何跨過理想和現實的差距？支持孩子不如相互支持

我覺得現在應該暫停一下，承認我們對親子教養的「價值觀爭論」，本質上就帶有羞辱他人的意味。當你在對話中，或者看到書籍及部落格中談論到親子教養的爭議或分歧時（例如女性該如何分娩、在哪裡分娩，割禮，疫苗接種，親子同床，餵養等等議題），你聽到的盡是自卑和羞愧，看到的盡是傷害和深刻的傷害。你看到多爲人母的這些人辱罵、奚落、霸凌對方，恰是做出我前文定義爲羞辱的行爲。

以下是我對這些行爲的看法：**如果你因爲其他家長選擇的教養方式而羞辱他們，你就沒資格宣稱你關心孩子的福利**。這兩種行爲是互斥的，會衍生很大的價值觀落差。沒錯，我們大多對這些議題有強烈的看法，我自己也不例外，但是如果我

當我們對自己的選擇感到放心，並且自信地投入世界，
才不會想要批判與攻擊他人

們真的關心更廣泛的兒童福利，我們的任務是挑選出呼應我們價值觀的選擇，並支持其他同樣這麼做的家長注意自己的自我價值。當我們對自己的選擇感到放心，並且自信地投入世界，而不是抱持「永遠不夠」的匱乏心態時，我們才不會想要批判與攻擊他人。

我們很容易對這個論點雞蛋挑骨頭：「所以我們對虐待孩子的家長就應該視而不見嗎？」事實上，別人的選擇和我們不一樣，這本身並不算是虐待。如果真的發生虐待事件，請務必報警處理。如果不是，我們就不該稱之爲虐待。我當社工人員時，曾在家扶中心實習一年，我難以忍受大家隨便使用「虐待」或「失職」等用語，來嚇唬或貶抑我們認定教養方式不對、不同或不好的家長。

事實上，我發誓絕對不把親子教養二分成好與壞兩種，因爲任何時候，你都可以把我同時歸類爲好家長與壞家長，就看你抱持的觀點以及我當天過得是否順遂而定。我實在看不出來這種評判角度，能爲我們的生活或更廣泛的親子討論增添什麼價值。事實上，那等於是在醞釀自卑風暴。對我來說，親子教養價值的重點在於是否投入，我們是否用心關心？是否徹底評估教養選擇？是否對學習與錯誤抱持開放心態？是否好奇和願意求知？

我從研究中學到的是，當個出色、投入的家長有成千上萬種方法，有些方法肯

定會和我自己所想的教養方式有些衝突。例如，史蒂夫和我對小孩能看的電視節目管得很嚴，尤其是涉及暴力的內容。我們經常思考討論這件事，盡量做出最好的決定。相反的，我們有些朋友讓孩子看我們不准艾倫和查理觀賞的電影和節目，但他們也常思考討論那個議題，盡量做出最好的決定，他們只是得出的結論和我們不同罷了。我尊重他們的選擇。

最近我們發現這個議題出現顛倒的立場，一些好友對於我們讓艾倫閱讀《飢餓遊戲》（*The Hunger Games*）感到驚訝。那些朋友也同樣積極思考這個問題，我們討論後都尊重與包容彼此的決定。當尊重差異是我們理想的價值觀時，跨過理想和現實的差距，可能會特別困難。我想，關鍵在於謹記當其他的家長做出與我們不同的選擇時，那不見得就是一種對我們的批評。放膽展現脆弱的力量，意謂著找出我們自己的路，也尊重其他人尋找的路。

如何跨過理想和現實的差距？了解「融入」和「歸屬」的不同

自我價值談的就是**愛與歸屬感**。想對孩子證明我們對他們的愛是無條件的，最好的方式之一，就是確定他們知道自己屬於這個家。我知道這聽起來很奇怪，但是

「融入」與「歸屬」其實是兩碼事，
融入反倒是歸屬的一大障礙

對孩子來說，那是強而有力、有時又令他們揪心的問題。在第179頁，我定義歸屬感是一種與生俱來的欲望，希望自己屬於比自己更大的主體。這研究中最令我驚訝的一件事，是學到「融入」與「歸屬」其實是兩碼事。事實上，融入反倒是歸屬的一大障礙。融入，是指我們評估情境後，爲了獲得接納而讓自己成爲應該成爲的樣子。相反的，歸屬則不需要我們**改變**自己的本質，只要我們做自己就好。

我請一大群國二的學生分成小組，討論**融入**與**歸屬**的差異，他們的答案讓我嚇了一跳。

- **歸屬**，是身處在你想待的地方，且那裡的人都想要你。**融入**，是身處在你眞的很想待的地方，但那裡的人不在乎是否有你存在。
- **歸屬**，是因爲你的本質而接納你，**融入**，則要因爲你跟其他人一樣才接納你。
- **歸屬**，是我可以做自己。**融入**，是我必須跟你們一樣。

他們的定義眞是一針見血，不管我是在美國哪一區或哪一種學校提出這個問題，國高中生都懂融入與歸屬是怎麼運作的。

他們也很坦白地談論在家裡沒有歸屬感的痛苦，我第一次請國二學生提出定義時，一位學生寫道：「在學校沒有歸屬感很糟，但那跟在家裡沒有歸屬感相比，根本不算什麼。」我問學生在家裡沒歸屬感是什麼意思時，他們舉了以下的例子：

- 辜負父母的期望
- 無法像父母期待的那麼出色或受歡迎
- 不像父母那麼聰明
- 不擅長父母擅長的事情
- 朋友不夠多，或沒有體育細胞，或沒擠進啦啦隊，會讓父母覺得很丟臉。
- 父母不喜歡你，也不喜歡你喜歡做的事情
- 父母不關心你的生活

想培養孩子的自信，就需要讓孩子知道他們歸屬於家庭，是一種無條件的歸屬。這是一大挑戰，因爲多數人費盡一番心力之後才感覺到歸屬感，才知道自己是**因爲脆弱**而成爲家的一份子，而不是因爲家人勉強接受我們的脆弱。我們自己沒有的東西也給不了孩子，所以我們必須努力和孩子一起培養歸屬感。以下是如何和孩

想培養孩子的自信，
就需要讓孩子知道他們歸屬於家庭，是一種無條件的歸屬

子一起成長，以及如何讓孩子產生共鳴的例子。（沒有什麼比共鳴更能激發深刻的歸屬感了！）

艾倫讀國小四年級時，某天她放學回家，一進門就哭了，衝回自己的房間。我馬上跟了過去，蹲在她前面，問她怎麼了。她抽咽說：「我已經受夠當**其他人**了！恨死了！」

我聽不懂，所以我請她解釋「其他人」是什麼意思。

「我們每天下課後都會踢足球，班上有兩個風雲人物當隊長，他們負責挑選隊員。第一位隊長說：『我挑蘇西、約翰、彼得、羅賓、傑克。』第二個隊長說：『我挑史蒂夫、安德魯、凱蒂、蘇。我們可以分其他剩下的人。』我每天都屬於『其他人』，名字從來沒被點到過。」

我一聽，心頭一沉。她坐在床邊，雙手抱頭。我跟她進房時因爲太擔心了，甚至忘了開燈。看到她坐在昏暗的房間裡哭泣，我受不了那種脆弱感，於是我走向開關。那契機來得正是時候——我想開燈來舒緩不安，那動作讓我想起一句喜歡的箴言。佩瑪．丘卓（Pema Chodron）談到黑暗和包容時寫道：「包容，不是療癒者與受傷者之間的關係，而是對等的關係。當我們對自己的黑暗有深入的瞭解時，才能瞭解別人的黑暗。當我們發現共通的人性時，包容才變得眞實。」

於是我沒動開關，走回去和艾倫一起坐在感性的黑暗中，我搭著她的肩說：「我知道身為邊緣人是什麼感覺。」

她以手背擦了擦鼻子說：「妳才不懂，妳那麼受歡迎。」

我解釋我真的知道那是什麼感覺，我說：「身為邊緣人的時候，我很生氣，也很受傷，主要是感到自己的渺小和孤獨。我是不需要受歡迎，但我希望別人肯定我，希望自己被當一回事，把我當成一份子。」

她不敢相信地說：「妳真的懂耶！就是那種感覺！」

我們一起依偎在她的床上，她告訴我下課後的經驗，我告訴她我求學時代一些深刻又痛苦的「其他人」經驗。

約莫兩週後，我們都在家裡，郵件來了。我滿心期待地衝向門口，我預定在一場星光熠熠的活動上演講，等不及想看那活動的宣傳海報。現在回想起來很怪，但我當時想到自己的相片可以排在其他電影明星旁邊就非常興奮。我拿著海報坐到沙發上，打開海報，瘋也似地掃看那張海報。我這麼做時，艾倫剛好走了進來，她說：「好酷喔！那是妳的海報嗎？讓我看看！」

她走向沙發時，看得出來我的心情從期待轉為失望，「媽，怎麼了？」

我拍拍沙發，她坐到我旁邊。我把海報拉開，她用手指劃過一些照片，「我沒

最好的教養時機，
是發生在一些不完美的時刻

看到妳，妳在哪裡？」

我指向明星照片底下的一行字：「……及其他。」

艾倫把身子靠向椅背，頭倚在我肩上說：「噢，媽，妳屬於其他人，眞抱歉。」

我沒有馬上回應，只覺得渺小，原因是海報上沒有我的相片，也因爲我在乎沒有相片這件事。艾倫把身子前傾，看著我說：「我知道那是什麼感覺，當我是邊緣人時，我覺得很受傷、渺小、孤獨，我們都希望自己獲得重視，有歸屬感。」

結果那次經驗變成我這輩子最美好的時刻之一。在下課後的操場上或在大型會議上，我們可能不見得有歸屬感，但是在那當下，我們知道自己屬於最重要的地方：家庭。完美的親子教養不是目標，事實上，最好的禮物——最好的教養時機——是發生在一些不完美的時刻，是當由孩子來提醒我們要跨過理想和現實差距的時刻。

以下是一個關於克服自卑及跨過理想和現實差距的故事，發人深省，是幾年前蘇珊受訪時告訴我的。蘇珊去接小孩下課時，忙著和孩子學校的一群媽媽說話，她的孩子就站在附近等她接送。這群媽媽在討論誰要主辦「迎新派對」，歡迎新學生加入。她們都不想當主辦人，但自願主辦派對的那位媽媽「家裡很髒亂」。他們聊了一下那位女性和她家幾分鐘後，都認爲讓她主辦，對她們和家長會的形象都不好。

她們討論完後，蘇珊把孩子帶回車上，開車回家（她的女兒唸幼稚園，一個兒子唸小一，另一個兒子唸小三）。小一的兒子從後座不經意地說：「我覺得妳是很棒的媽媽。」蘇珊微笑說：「謝謝。」他們進家門幾分鐘後，小一的兒子淚眼汪汪地來找她，看著她說：「妳覺得自己不好嗎？妳還好嗎？」

蘇珊說她完全搞不清楚狀況，蹲下來說：「我很好啊，怎麼了？發生了什麼事？」

她兒子說：「妳總是說，當大家聚在一起，只因爲別人跟自己不一樣就說別人壞話時，那表示他們覺得自己不好。妳說過，當我們覺得自己很好時，就不會說別人的壞話。」

蘇珊當下覺得滿心羞愧，她知道兒子聽到了剛剛在學校的對話。

那正是最佳時刻，全心投入教養的時刻。我們在這個時候能接納脆弱嗎？還是要把孩子導向壞的方向，罵他們「沒大沒小」來宣洩自己的羞愧和不安？我們能把握這個機會去肯定孩子，落實同理心嗎？我們能在自己犯錯之後彌補嗎？如果我們希望孩子坦白爲自己的經驗負責，我們自己能做得到嗎？

蘇珊看著兒子說：「謝謝你關心我，問我好不好。我感覺還好，但我想，我犯了錯，我需要一點時間思考這一切。有件事你說對了，我的確講了傷人的話。」

如果我們希望孩子坦白為自己的經驗負責，
我們自己能做得到嗎？

蘇珊反省振作以後，她找兒子一起坐下來談，他們談到在群體中談論某人時，很容易陷入其中而不自覺。蘇珊坦白承認她有時候對「別人會怎麼想」這件事也很掙扎。她說兒子靠到她身邊輕聲說：「我也是。」他們承諾日後會繼續和彼此分享經驗。

「投入」，需要投資時間和心力，需要和孩子一起坐下來，瞭解他們的世界、興趣和故事。在各種親子教養爭論的兩極，我們都可以看到相當投入的家長，他們擁有不同的價值觀、傳統和文化。他們共同的特色是落實自己的價值觀，對孩子共同的理念似乎都是「我不完美，我不見得永遠都對，但我永遠在你身邊，打開心房，關心你也愛你，全心全意。」

投入無疑需要犧牲，但是我們當初決定為人父母時，就已經承諾要犧牲了。我們的時間需要拿來應付很多事情，所以我們很容易心想：「我沒辦法犧牲三小時坐下來看我兒子的臉書，或是坐下來聽我女兒解釋四年級科展醜聞的細節。」我也有同樣的掙扎，但是我們聖公會的牧師吉米．格雷斯（Jimmy Grace）最近講道時，談到了犧牲的本質，他的說法完全改變了我對親子教養的看法。他說，sacrifice（犧牲）這個字的原始拉丁形式是「使神聖」或「使聖潔」。我真心相信，當我們全心投入親子教養時，無論那一切有多麼不完美、脆弱與煩亂，我們都是在創造神聖。

展現脆弱的勇氣

在寫這個單元以前，我把資料攤放在整張飯桌上，自問：「家長努力培養全心投入的孩子時，遇到最脆弱、最勇敢的事情是什麼？」我以為我需要花幾天思考，但是當我看了那些實際訪談的筆記後，答案很明顯，就是讓孩子去面對掙扎和經歷逆境。

我在全美各地巡迴演講時，發現家長和老師似乎愈來愈擔心，孩子在我們永遠的解圍與保護下，並沒有學習到如何因應逆境或失望的狀況。更有趣的是，我通常是聽到那些長期介入、解救、保護孩子的家長提出這樣的擔憂。事實上，並不是孩子無法承受待人處事的脆弱情緒，而是家長自己受不了那種不確定感、風險和情緒衝擊。即使我們明知放手讓孩子自己處理才是正確的。

我也曾經在「放手」和「讓孩子尋找自我」這件事上掙扎不已，但我從研究中學到的東西徹底改變了我的觀點——我不再把父母的解圍和介入視為無益，而是把它視為危險。別誤會我的意思，我還是會感到掙扎，我還是會在不該介入的時候介入，但我現在讓「不放心」主宰行為之前會先三思，原因在於：**掙扎，才有希望**。如果我們希望培養出滿懷希望的孩子，就必須讓他們面對掙扎。而且，除了愛和歸

如果我們希望培養出滿懷希望的孩子，
就必須讓他們面對掙扎

屬感以外，我也非常希望孩子永遠抱持著希望。

我研究全心投入的重要特質時，發現「體驗逆境，不屈不撓」是其中一種特質。我看到的時候充滿了感念，因爲那是我當時唯一具備的少數特質（還記得我在前言中提到，十項全心投入的特質中，我只有兩項）。我探索文獻，尋找具備這些要素的概念時，發現施奈德（C. R. Snyder）對「希望」的研究，我很震驚。首先，我原先以爲希望是一種溫暖、模糊的情感，是一種覺得「一切都有可能」的感知。第二，我本來以爲我要找的是比較**鬆散**的概念，亦即大家暱稱的「**B計畫**」，讓人們在原先計畫行不通時，還能夠採取的備援方案。

結果我發現，我誤解希望了，但我對鬆散和**B計畫**的想法是正確的。施奈德終其一生研究這個議題，他指出，希望並不是一種情感，而是一種思維或認知流程，情緒只是當中的配角。希望，其實是由目標、途徑、動力這三個要素所組成的流程。簡單來說，下面情況發生時，就會出現希望：

- **我們有能力設定切合實際的目標**。意思是說：「我知道我想去哪裡。」
- **我們能夠想辦法達成那些目標**。當中包括維持靈活應變或開發替代路線。意思是：「我知道怎麼抵達那裡，我會堅持下去，可以忍受失望和一再嘗試。」

● **我們相信自己**。意思是說：「我可以做到！」

所以，希望是結合目標設定、追求目標的堅韌毅力，以及相信自己的信念。希望是一種備援，是**永遠的B計畫**。

「希望靠後天學習！」這句話，是用來激勵我面對自己的脆弱。使父母能夠退一步，讓孩子學習如何自己因應逆境。施奈德指出，兒童最常從家長身上學習到希望。為了學習抱持希望，孩子需要培養以界線、一致、支持為特色的關係。抱持高度希望的孩子都經歷過逆境，他們有機會面對到掙扎，從而在過程中學習如何相信自己。

想要培養永保希望、有勇氣面對脆弱的孩子，父母需要退一步，讓孩子體驗失望、處理衝突、學習如何堅持主張，同時讓他們有機會面對失敗。**如果我們永遠跟著孩子進入競技場，幫他們平息批評，確定他們只勝不敗，孩子永遠不會學到一件事：他們也有能力靠自己，放膽展現脆弱的力量**。

在這部分，我和艾倫一起上了最棒的一課：我開車去游泳課接她下課，前面排了十輛車，那時天色逐漸暗了，我只能看到她的身影，但是我從她的站姿已經可以看出她不太對勁。她負氣上車，我還沒問她今天練習得如何，她已經淚眼汪汪。

為了學習抱持希望，
孩子需要培養以界線、一致、支持為特色的關係

「怎麼了？發生了什麼事？妳還好嗎？」

她凝視窗外，深深吸口氣，用連帽衫的袖子擦眼淚，她說：「週六的比賽，我得游百米蛙式。」

我心裡鬆了一口氣，因爲向來神經質的我，原本以爲發生了多可怕的事。但我知道這件事對她來說很難，所以我試著不露出鬆了一口氣的感覺。

「妳不懂，我根本不會游蛙式，我游得很爛。妳不懂，我有求教練不要把我排進賽程。」

我把車子開進車庫前的車道時，已經準備好以感同身受的方式鼓勵她，但是就在這個時候，她正眼看著我，把手放在我的手上說：「媽，拜託，求求妳幫我。其他女生都游上岸了，下一組也就定位的時候，我還在水裡游，我眞的就是游那麼慢。」

我頓時語塞，無法思考。突然間，我回到十歲的時候，我站在泳池邊的出發台上，準備爲西北紀念槍魚隊而游。我父親是發令員，他以一臉非贏不可的表情看著我。我被安排在最接近池邊的水道（慢水道），這會是一場災難。因爲稍早當我還坐在預備席上，考慮去牽我靠在跳水板欄杆旁的腳踏車偷溜走時，不小心聽到教練說：「我們讓她越級比賽吧。我不確定她能不能游完全程，不過會很有趣。」

「媽？媽？？媽！！！妳有沒有在聽我說？妳會幫我嗎？妳會幫我跟教練說，請他把我排在別場比賽嗎？」

那脆弱感實在令人難以承受，我想大喊：「對！妳不想游的話就不要參加了，永遠都不要參加了！」但我沒這麼說，冷靜是我練習全心投入的新方法。於是我深呼吸，默數到五，然後說：「我跟妳爸談談看。」

孩子上床睡覺後，史蒂夫和我花了一小時討論這個議題，後來達成共識，我們覺得她應該聽從教練的指示。如果教練要她參加比賽，她就得去游。雖然那個決定感覺是對的，但我實在很討厭討論時的每分每秒。我什麼辦法都試過了：從和史蒂夫吵架，到怪罪教練，到表達恐懼，最後才抒發了我的脆弱。

我們把決定告訴艾倫時，她很不高興。當她練習回家後告訴我們，教練要她盡快報名以確認比賽時間時，又更不高興了。她雙手交叉擺在桌上，把頭埋在手臂中，哭了起來。一度她抬起頭說：「我可以不出場，反正很多人都錯過比賽。」我心想：「太好了！」但是她又說：「我贏不了的，我根本拿不到第二或第三名，每個人都會看我笑話。」

此時就是趁機使力的機會，重新定義對她而言什麼是重要的。讓我們的家庭文化更有影響力，更勝她的游泳比賽、她的朋友，還有在美國社會猖獗的激烈體育文

有時候最勇敢、最重要的事，
就只是站出去而已！

化。我看著她說：「妳可以不出場，我可能也會這樣考慮，但是如果妳的目標不是贏得比賽，甚至也不是和其他女生同時間離開水面呢？如果妳的目標就只是出賽，然後下水呢？」

她看我的表情好像我瘋了似的：「只是出賽和下水？」

我解釋道，好幾年來，我都避免去嘗試我覺得自己做得不夠好的事情，那些選擇幾乎讓我忘了勇敢是什麼感覺。所以我說：「有時候妳所能做出最勇敢、最重要的事，就只是站出去而已。」

史蒂夫和我刻意在廣播宣布她上場時離開她身邊。當同批參賽者站上出發台時，我也不確定她會不會出現，但她的確出現了。我們站在她那個水道的尾端，屏息以待。她直視著我們，點頭，戴上泳鏡。

她是最後一位離開水面的。其他同批的游泳者都已經離開泳池，另一批女孩也已經站在出發台上等著下水。史蒂夫和我從頭到尾都幫她大聲加油。當她離開泳池時，她走向教練，教練給她一個擁抱，並指導她踢水動作的問題。她最後走向我們時，帶著微笑，含著一點淚光。她看著我和史蒂夫說：「我游得很爛，但我做到了，我出賽了，而且下水了，我很勇敢。」

我寫出下面的親子教養宣言，是因爲我很需要。史蒂夫和我都很需要。在這個以收穫和成就衡量價值的文化中，放棄衡量標準並不容易。當我難以面對脆弱的情緒，或者出現「永遠不夠」的恐懼時，就以這份宣言作爲試金石、祈禱文和冥想內容。它點醒我的發現，可能改變我的一生，也拯救了我的一生：**我們自己是什麼樣子以及我們投入世界的方式，比我們對親子教育的瞭解，更能預測孩子未來的發展。**

全心投入的親子教養宣言

最重要的是，我希望你知道有人愛你，你也是值得被愛的。

從我的言語和舉止中，你將會得知這一點——我們如何學習「愛」這件事，包含了我對待你，還有我對待自己的方式。

我希望你自信投入這個世界。

每一次，當你看見我在落實「包容自己」和「擁抱自己的不完美」，你也會發現自己值得被愛，值得擁有歸屬感和生命的喜樂。

在我們的家庭裡，會以「站出去，讓大家都看見真正的你」，還有「鼓勵展現脆弱」的方式來實踐勇敢。我們會分享彼此面臨的掙扎和長處——在我們家裡，永遠都有同時包容兩者的空間。

我們會教你先包容自己，再包容彼此。我們會設定底線，並且尊重界線。我們會鼓勵勤奮、希望和堅持不懈。休息和玩樂是我們的家庭觀，也是我們落實的理念。

看著我犯錯，看著我彌補；觀察我如何表達自己的需要，觀察我如何談論自己的感受——你會從中學會負責和尊重。

我希望你能瞭解生命的喜樂，如此一來，我們才可以一起學習感恩。

我希望你**感覺到**生命的喜樂，如此一來，我們就可以學習如何展現脆弱。

當不安全感和匱乏感出現時，你可以從我們每天的家庭生活中，獲得精神支持。

我們將一起哭泣，一起面對恐懼和傷痛。我雖然不想讓你痛苦，但我會選擇坐在你身邊，教你如何感受它。

我們將歡笑、歌唱、起舞，並創造美好。我們在彼此面前都可以做自己，知道自己無論如何都屬於這個家。

當你展開全心投入的人生旅程時，我能給你的最好的禮物，是全心全意地去生活、去愛，是放膽展現脆弱的力量。

我教導你的方式、愛你的方式、帶你看世界的方式，都不會是完美的，但我會讓你看到真正的我。能這樣端詳著你，真切、深刻地望著你——我會永遠珍惜這份恩賜。

在我的網站上（www.brenebrown.com）可以找到這份宣言

結語

「榮耀不屬於批評的人，也不屬於那些指責落難勇士，或挑剔別人哪裡該做得更好的人。

榮耀是屬於站在競技場上的勇者，屬於臉上沾滿塵土與血汗而英勇奮戰的人。他有時會犯錯，甚至一錯再錯，畢竟錯誤與缺失在所難免。

但他知道要奮戰不懈，滿腔熱血，全力以赴，投身崇高志業。

他知道最好的結果是功成名就，即使不幸落敗，至少他放膽去做了……」

——羅斯福

我花了九個月的時間，把十幾年的研究整理成這本書。過程中，我重讀這段文字不下百遍。坦白講，我常在發脾氣或哭泣絕望時重讀這段文字，心想：「也許這些都是鬼扯，或者展現脆弱並不值得。」最近，某個新聞網站上一些匿名網友對我的說法留下惡毒的留言，我把釘在書桌前面的這段文字拿下來，直接對著手上那張紙說：「如果批評眞的不重要，爲什麼感覺會那麼痛苦？」

那張紙無言以對。

我拿著那張紙，想起不久前一位二十出頭的男子和我的對話。他告訴我，他父母把我的TED演講連結寄給他，他眞的很喜歡「全心投入」和「脆弱的力量」的概念，他說那場演講，激勵他向一位約會數個月的女生告白。我不禁打了寒噤，希望這故事有個圓滿的結局。

可惜沒那麼好運。那個女生告訴他，她覺得他「很好」，但他們兩個應該多跟其他人約會。他回到公寓後，告訴兩位室友發生了什麼事。他說：「他們都窩在筆電前面，頭也不抬，其中一位說：『你是在想什麼啊？』另一位說：『女人只喜歡男人欲擒故縱。』」他看著我說：「我剛開始覺得自己很蠢，很氣自己，也有點恨妳，但是我又想了一下，想起我爲什麼會那麼做，我告訴室友：『那叫脆弱的力量。』」

他面帶微笑地告訴我：「他們都停止打字，看著我，低頭說：『喔，說得好。』」

脆弱的力量無關輸贏，重點在於發揮勇氣。在這個由匱乏和自卑主宰的世界

脆弱的力量無關輸贏，重點在於發揮勇氣，
沒有脆弱就沒有勝利！

裡，恐懼變成了習慣，脆弱帶有破壞性，令人不安，有時甚至有點危險。勇敢站出去，肯定比較容易受傷，但是當我回顧人生，回顧脆弱的力量對我的意義時，我可以坦白說，當你客觀看待你的人生，其中最不舒服、最危險又最痛苦的事，就是去後悔：「當初要是有勇氣站出去，讓大家都看見真正的我就好了。」

所以，羅斯福先生……我覺得您一語中的。錯誤與缺失的確是在所難免，但沒有脆弱就沒有勝利。現在我讀到那段引述時，即使還是感到挫敗，我能想到的只有：「說得好。」

附錄

讓信任浮現：紮根理論和我的研究流程

Caminante, no hay camino, se hace camino al andar.

旅行的人啊，這裡沒有路。路要自己走出來。

西班牙詩人安東尼奧．馬查多（Antonio Machado）的這句話，一語道盡了我研究過程的精神，以及那個流程所衍生的理論。一開始出發時，我循著我認為很多人走過的路徑，想為我知道的事實尋找實證。但我很快就發現，當研究焦點是找出什麼對研究參與者是重要的（亦即紮根理論grounded theory research），那表示我沒有路徑可循，當然也沒辦法知道自己會找到什麼。

身為紮根理論研究者的最大挑戰是：

1. 承認在使用紮根理論的方法論之前，你幾乎是一無所知。
2. 培養勇氣，讓研究參與者去定義研究問題。
3. 放棄自己的利益和先入爲主的觀念，讓「信任浮現」。

諷刺的是（也許不然），這也是脆弱的力量以及勇敢過生活的挑戰。

以下是我在研究中使用的設計、方法、抽樣、記錄流程的概述。在開始說明以前，我想先感謝巴尼·葛拉瑟（Barney Glaser）和安愼·史特勞斯（Anselm Strauss）在質性研究的開創性發明，以及開發出紮根理論的方法論。謝謝葛拉瑟博士遠從加州到休士頓大學，擔任我博士論文委員會的方法學家：您眞的改變了我看待世界的方式。

研究旅程

身爲博士生，統計和量化研究的簡潔條理很吸引我，但我也愛上了質性研究的豐富和深度。說故事是我的本能，能把研究當成在收集故事，令我難以抗拒。故事是有靈魂的資料，沒有什麼研究方法比紮根理論更重視這點。紮根理論的任務，是根據大家的親身經歷去開發理論，而不是證明或推翻現有的理論。

行為研究員弗雷德・克林格（Fred Kerlinger）定義，理論是「一套相關的結構或概念、定義和命題，為現象提出一套系統化的觀點，說明變數之間的關係，目的是解釋和預測現象。」在紮根理論中，我們不是從問題、假設或文獻評論開始，而是從主題開始。我們讓參與者定義問題，或者定義他們對議題的主要考量，然後我們開發理論，再看那理論符合什麼文獻。

我不是一開始就決定研究自卑情緒，自卑是我們最複雜、最多面向的情緒之一。這主題不僅花了我六年的時間才理解，也是很強大的概念。光是提起「自卑」兩字，就足以讓人感到不安，為之迴避。我一開始純粹只是想深入解析人跟人之間的連結。

經過十五年的社工教育，我確定一件事：我們生而為人，就是為了和他人建立連結，這件事為我們的人生帶來目的與意義。當我發現大家對連結的主要擔憂是害怕連結中斷時，那也證實了連結在我們生活中的重要性。我們擔心自己因為做了什麼事，或者做不到什麼事，也擔心自己的本質或背景，會導致我們不被愛，不值得和他人建立連結。我學到想要解決這種擔憂，就要瞭解自己的脆弱，培養同理心、勇氣和包容——亦即我所謂的「克服自卑」。

開發出克服自卑的理論，更瞭解匱乏文化對生活的影響後，我想更深入地探索，知道更多。問題是，光是詢問自卑感和匱乏感，對這兩者的瞭解還是有限。我需要另一個方法探究經驗，於是我想到借用化學的幾個原理。

在化學中，尤其是熱力學，如果某個元素或屬性的揮發性太大，難以衡量，通常需要依賴間接的衡量方式。你先結合與減去相關但揮發性較低的化合物，直到那些關係和操作顯現出原始屬性的測量值。我的想法是，去探索在自卑和匱乏不存在的狀況之下，會存留什麼？以藉此更瞭解自卑感和匱乏感。

我知道大家如何經歷與度過自卑，但是當自卑感沒有拿著刀子架在脖子上，不是時時刻刻威脅到自我價值和與他人的連結性時，大家又是如何感覺、行動和思考的呢？那些跟我們一樣活在匱乏文化中，但依舊覺得自己夠好的人又是什麼樣子的呢？我知道這些人是存在的，因爲我訪問過他們，在我的同理心與克服自卑研究當中，也納入了一些他們的訪談內容。

在我回頭探索資料以前，我把這項研究稱爲「全心投入的生活」。我尋找那些即使面對風險與不確定性，依舊全心生活、全心去愛的男男女女。我想瞭解他們的共通點，他們主要的擔憂，以及他們全心投入的模式和主題。我在《不完美的禮物》及學術期刊的文章（於二〇一二年底或二〇一三年初刊登）中有提到這項研究的發現。

脆弱，是我研究中持續出現的主要類別，那是我研究自卑和全心投入時的核心要件，在我談連結的博士論文中，甚至有一章談到自卑。我瞭解脆弱和其他的情緒之間的關聯性，但是多年來我愈來愈深入研究後，我想進一步瞭解脆弱及其運作的方式。從這調查中衍生的紮根理論，就是本書及另一篇學術文章的主題。

設計

我提過，由葛拉瑟和史特勞斯發明、後來由葛拉瑟改良的紮根理論方法，是我的研究計畫。紮根理論流程包含五個基本要件：理論的敏感性、理論抽樣、記錄、理論備忘錄、排序。這五個要件是由資料分析的持續比較法整合起來，這研究的目的是瞭解參與者體驗主題（例如自卑、全心投入、脆弱）時的「主要考量」。一旦資料中出現主要考量，我就提出理論來解釋參與者如何在日常生活中持續化解他們的擔憂。

樣本

理論取樣（theoretical sampling）（促成理論產生的資料收集流程）是我在研究中使用的主要抽樣方法。使用理論取樣時，研究者同時收集、記錄、分析資料，使用這個持續的流程判斷接下來要收集什麼資料，以及去哪裡找資料。配合理論取樣，我根據分析、記錄訪談及二手資料來挑選研究參與者。

紮根理論的一個重要原則是，研究人員不該假設身分資料的相關性，包括種族、年齡、性別、性取向、階級、能力。雖然我沒假設這些變數，我使用立意取樣（刻意跨身分資料取樣）搭配理論取樣，以確保我訪問了多元的參與者。在研究期間的某個時機點，身分資料的確出現相關性，在那些例子中，我持續以立意取樣補充理論取樣。在身分沒出現相關性的類別中，則只用理論取樣。

我訪問了七百五十位女性參與者，約有四十三％表示她們是白人，三十％是非裔美國人，十八％是拉丁美裔，九％是亞裔。女性參與者的年齡介於十八歲到八十八歲，平均是四十一歲。我採訪了五百三十位男性，約有四十％表示他們是白人，二十五％為非裔，二十％是拉丁美裔，十五％是亞裔，年齡介於十八到八十之間，平均年齡是四十六歲。

雖然紮根理論方法時常產生理論飽和（亦即不再產生新概念、研究者為他的概念類別提出重複證據的時候），但是在總共一千兩百八十位參與者中，只有三個相關理論出現，有多個核心類別，每個類別也有多個屬性。「克服自卑」、「全心投入」、「脆弱」之間因差異細微又複雜，需要龐大的樣本。

紮根理論的一個基本原則是「全都是資料」。葛拉瑟寫道：「從最長訪談到最短的評論，雜誌、書籍、報紙文字，文件，評論，個人與他人的偏見，虛假的變數，或研究者廣泛研究後可能出現的任何其他東西，對紮根理論來說都是資料。」

除了那一千兩百八十位參與者的訪問以外，我也分析了我的研究文獻，還有和專家對話，和研究生開會（這些研究生幫我訪問參與者，也協助文獻分析）時所做的筆記。此外，我記錄了在課堂上指導四百位社工碩士生與博士生有關自卑、脆弱、同理心的經驗，以及訓練約一萬五千位心理健康和成癮專家的經驗。

我也記錄了三千五百件以上的二手資料，這些包括臨床病例研究和個案記錄、信件和雜誌內頁。總共下來，我用持續比較法（逐行分析），記錄了約一萬一千個事件（來自原始筆記的句子），我完全以手工的方式記錄，因為葛拉瑟的紮根理論不建議使用軟體。

我收集了所有的資料，只有兩百一十五位參與者的訪問，是由社工系研究生在我的指導下協助完成。爲了確保施測者可信度，我訓練所有的研究助理，親自記錄與分析他們的所有筆記。

約有一半的訪談是一對一進行，另一半是一對二、一對三或一對多。訪談時間是四十五分鐘到三小時不等，平均約六十分鐘。我使用調整的會話式訪談，因爲那是大家公認最有效的紮根理論訪談方式。

記錄

我用持續比較法來逐行分析資料，接著以備忘錄來記錄出現的概念和它們的關係。分析的主要焦點是找出參與者的主要考量及核心變數的出現。我做額外的訪談時，重新把類別概念化，找出各類別的屬性。當核心概念出現，跨類別和跨屬性的資料都飽和時，我採用選擇性的記錄。

紮根理論的研究者必須從資料中歸納概念。傳統上從資料的詳細描述及參與者的引述中得出發現的質性方法，和這種做法和截然不同。要概念化「自卑」、「全心投入」和「脆弱」，並找出參與者對這些議題的主要考量，我逐行分析資料，同時提出以下的問題：參與者在描述什麼？他們在乎什麼？他們擔心什麼？參與者試圖做什麼？行爲、思維、行動差異的原因是什麼？我還是使用持續比較法，來重新比對資料和新出現的類別，以及相關的屬性。

文獻分析

我從資料中得出理論後，基於紮根理論學可以從資料得出研究問題的相同理由，我開始全面檢閱大量的文獻。以量化研究及傳統質性研究所做的文獻檢閱，從兩方面去佐證研究發現——檢閱文獻以證明需要新的研究，進行研究，出現與文獻無關的結果，還有再次以文獻佐證研究，以證明它對研究者專業的貢獻。

在紮根理論中，資料佐證理論，文獻則是資料的一部分。我很快發現，紮根理論研究者做文獻檢閱時不能心想：「理論出現，我完成了，理論符合嗎？」紮根理論家必須了解，文獻檢閱其實是文獻分析，不是研究以外的分析，而是流程的延續。

本書引用的參考文獻和相關研究，都佐證且補充了我得出的理論。

衡量紮根理論

葛拉瑟指出，紮根理論的評估是看合適度、相關度、可行度，及可修改度。當理論的類別與資料相符時，理論就達到了「合適」。當資料勉強歸入預設類別，或是爲了維持現有理論的完好而捨棄資料時，就會出現不合適。

除了合適以外，理論必須和行動領域相關。當理論讓核心問題及流程出現時，紮根理論就是相關的。當理論可以解釋發生了什麼事，可以預估會發生什麼事，也可在實質或正式調查中詮釋發生什麼事，那就是可行的。衡量理論是否「可行」的標準有兩個：第一是類別必須符合，第二是理論必須「能解釋發生了什麼」，亦即研究人員把資料概念化，精確地囊括參與者的主要考量，及他們如何持續因應那些考量。最後，可修改度的原則決定了理論永遠不可能比資料精確，所以當研究中出現資料時，理論必須持續修改。

例如，我看本書裡的諸多概念（例如武器庫、跨過理想和現實的差距、破壞性創新），然後問：「這些類別適合套用在資料上嗎？它們相關嗎？可以解釋資料嗎？」答案是肯定的，我相信它們精確地反映出資料中出現的狀況。就像克服自卑理論一樣，我的計量同事也會測試我的全心投入理論及脆弱理論，我們會把知識發展流程往前推進。

我回顧這次旅程時，發現本章一開始引用的那句話蘊藏了深刻的眞理。眞的沒有路徑，因爲研究參與者有勇氣分享他們的故事、經驗和智慧，所以讓我自己開闢出一條定義我的職業生涯及人生的路徑。當我才剛開始了解，又憎惡擁抱脆弱和全心投入的重要性時，我會說我是被自己的資料操縱了研究方向。但現在我知道是資料拯救了我。

在這裡實踐感恩

「不是喜樂讓我們感恩，而是感恩讓我們喜樂。」

大衛·史坦德—拉斯特弟兄（David Steindl-Rast）

謝謝我的著作經紀人喬琳·沃力（Jo-Lynne Worley）和瓊妮·休馬克（Joanie Shoemaker）對我和我的研究充滿信心。

感謝我的老闆默多·麥金農（Murdoch Mackinnon），你是優秀的副駕駛，讓我們一起安全讓更多的飛機降落。

感謝我的寫作老師兼編輯波麗·科赫（Polly Koch），沒有妳，我眞的無法寫出這些東西，眞的很感謝。

感謝我在高譚出版社的編輯潔西卡・辛德樂（Jessica Sindler），謝謝妳的智慧、見解，也給我非常有趣的留宿經驗，我覺得我簡直抽中了編輯頭彩。

感謝我的出版商比爾・辛克（Bill Shinke）和整個高譚出版團隊的天賦、耐心與熱情：莫妮卡・貝娜卡扎（Monica Benalcazar）、史普林・浩特林（Spring Hoteling）、彼特・卡索（Pete Garceau）、麗莎・強森（Lisa Johnson）、安・寇斯莫斯基（Anne Kosmoski）、凱西・馬羅尼（Casey Maloney）、羅倫・瑪麗諾（Lauren Marino）、蘇菲雅・慕蘇拉吉（Sophia Muthuraj）、艾瑞卡・弗吉森（Erica Ferguson）、克雷格・施耐德（Craig Schneider）。

感謝演講協會的夥伴：郝麗・卡徹波（Holli Catchpole）、珍妮・坎佐樂利（Jenny Canzoneri）、克里斯汀・范恩（Kristen Fine）、凱西・格拉斯高（Cassie Glasgow）、瑪莎・侯夏克（Marsha Horshok）、蜜雪兒・儒比諾（Michele Rubino）、金・史塔克（Kim Stark）。

感謝美術設計宜倫・摩根（Elan Morgan）的天賦和藝術才華，感謝藝術家尼古拉斯・威爾頓（Nicholas Wilton）的精彩作品。謝謝文森・海曼（Vincent Hyman）的編輯才華及值得行銷團隊（Worthy Marketing Group）的傑米・強森（Jayme Johnson）溝通與連結的智慧。

謝謝鼓勵我勇敢站出去，放膽展現脆弱的力量的朋友：吉米・巴茲（Jimmy Bartz）、內加什・伯哈努（Negash Berhanu）、希費勞・伯哈努（Shiferaw Berhanu）、法拉・布拉尼夫（Farrah Braniff）、溫蒂・伯克斯（Wendy Burks）、凱瑟琳・仙特（Katherine Center）、崔西・克拉克（Tracey Clark）、容達・貝林（Ronda Bearing）、勞拉・伊斯頓（Laura Easton）、克里斯・艾德海（Kris Edelheit）、比佛莉・艾登斯（Beverly Edens）、奇普・艾登斯（Chip Edens）、麥克・爾文（Mike Erwin）、佛瑞達・弗洛曼（Frieda Fromen）、彼得・福達（Peter Fuda）、艾里・艾德華茲（Ali Edwards）、瑪格麗塔・佛洛瑞斯（Margarita Flores）、簡・葛雷（Jen Grey）、唐・海吉沛斯（Dawn Hedgepeth）、羅伯・希利克（Robert Hilliker）、凱倫・侯姆斯（Karen Holmes）、安德烈・可羅娜・詹金斯（Andrea Corona Jenkins）、米瑞恩・約瑟夫（Myriam Joseph）、查爾斯・綺麗（Charles Kiley）、珍妮・勞森（Jenny Lawson）、簡・李（Jen Lee）、簡・勒曼（Jen Lemen）、哈里特・勒納（Harriet Lerner）、伊麗莎白・雷瑟（Elizabeth Lesser）、蘇西・羅芮多（Susie Loredo）、羅拉・馬福斯（Laura Maves）、馬提・羅斯・麥克唐納（Mati Rose McDonough）、帕特里克・米勒（Patrick Miller）、惠特尼・奧格（Whitney Ogle）、喬・雷諾茲（Joe Reynolds）、凱利・雷伊・羅伯資（Kelly Rae Roberts）、維吉尼

亞・藍德洛—赫南德斯（Virginia Rondero-Hernandez）、葛瑞琴・魯賓（Gretchen Rubin）、安德烈・謝爾（Andrea Scher）、彼得・希恩（Peter Sheahan）、戴安娜・史東斯（Diana Storms）、亞歷珊德拉・德索薩（Alessandra de Souza）、利雅・溫森（Ria Unson）、凱倫・沃蘭德（Karen Walrond）、潔斯・溫訥（Jess Weiner）、梅勒・威爾森（Maile Wilson）、艾瑞克・威廉斯（Eric Williams）、羅拉・威廉斯（Laura Williams）。

感謝TEDxHouston的策展人哈維爾・法杜（Javier Fadul）、卡拉・馬瑟尼（Kara Matheny）、提姆・德悉亞（Tim DeSilya）對我的信任及給我機會。

感謝更大的TED家族：一九九八年，我告訴史蒂夫，我的夢想是啓動全美討論自卑，謝謝你們讓我的美夢成真：克里斯・安德森（Chris Anderson）、凱麗・史托野澤（Kelly Stoetzel）、君・科恩（June Cohen）、湯姆・銳利（Tom Rielly）、尼古拉斯・溫伯格（Nicholas Weinberg）、邁克・倫格仁（Mike Lundgren），以及理念演講者及夢想者的整個團隊。

感謝我的研究助理薩巴・孔薩利（Saba Khonsari）和悠蘭達・維拉瑞爾（Yolanda Villarreal）的投入、耐心與努力。

感謝我父母狄安・羅傑斯（Deanne Rogers）和大衛・羅賓森（David

Robinson）、莫莉・梅（Molly May）和恰克・布朗（Chuck Brown）、雅科比納・艾力（Jacobina Alley）和比爾・艾力（Bill Alley）、科奇・克里希（Corky Crisci）和傑克・克里希（Jack Crisci）一直以來對我們的信心，如此地愛我們，寵愛我們的孩子，教導我們脆弱的力量。

感謝我的兄弟姊妹：艾希莉（Ashley）、艾瑪雅・盧依茲（Amaya Ruiz）、巴瑞特・吉蘭（Barrett Guillen）、法藍奇・吉蘭（Frankie Guillen）、加比・吉蘭（Gabi Guillen）、傑森・布朗（Jason Brown）、簡・艾力（Jen Alley）、大衛・艾力（David Alley）。謝謝你們的關愛、支持、歡笑、淚水、擊掌和鼓勵。

感謝史蒂夫、艾倫和查理，你們讓一切變得可能，我不知道我怎麼會那麼幸運，我愛你們。

附注

【前言】何謂脆弱的力量

p. 31 ……開發一個理論：

Brown, Brené. (2009). *Connections: A 12-Session Psychoeducational shame-resilience curriculum*. Center City, MN: Hazelden.

Brown, Brené. (2007). *I Thought It Was Just Me (But It Isn't): Telling the Truth About Perfectionism, Inadequacy, and Power.* New York: Penguin / Gotham Books.

Brown, Brené. (2007). Shame resilience theory. In Susan P. Robbins, Pranab Chatterjee, and Edward R. Canda (Eds.), *Contemporary human behavior theory: A critical perspective for social Work,* rev. ed. Boston: Allyn and Bacon.

Brown, Brené. (2006). Shame resilience theory: A grounded theory study on women and shame. *Families in Society 87*, 1: 43-52.

p. 32 《不完美的禮物》：Brown, B. (2010). *The gifts of imperfection: Letting go of who we think we should be and embracing who we are*. Center City, MN: Hazelden.

p. 35 ……我的博士論文裡：Brown, C.B. (2002). Acompañar: A grounded theory of developing, maintaining and assessing relevance in professional helping. Dissertation Abstracts International, 63(02). (UMI No. 3041999).

p. 35 TEDxHouston

p. 37 ……TED主站

p. 38 ……加州長灘的TED主場演講

【第一章】永遠不夠：檢討「永不知足」的文化

p. 43　最近有一群研究人員以電腦分析：DeWall, C. Nathan; Pond Jr., Richard S.; Campbell, W. Keith; Twenge, J. (2011). Tuning in to psychological change: Linguistic markers of psychological traits and emotions over time in popular U.S. song lyrics. *Psychology of Aesthetics, Creativity, and the Arts 5*, 3: 200-207.

p. 43　《自戀症候群》(*The Narcissism Epidemic*)：Twenge, J., and Campbell, K. (2009). *The narcissim epidemic: Living in the age of entitlement.* New York: Simon and Schuster.

p. 49　《金錢的靈魂》(*The Soul of Money*)：Twist, L. (2003). *The soul of money: Transforming your relationship with money and life* (New York: W. W. Norton and Company), p 44.

p. 50　Scarce這個字：Merriam-Webster. Retrieved January 2012. http://www.merriam-webster.com/dictionary/

【第二章】破解脆弱的迷思

p. 63　從健康心理學的領域來看：Aiken, L., Gerend, M., and Jackson, K. (2001). Subjective risk and health protective behavior: Cancer screening and cancer prevention. In A. Baum, T. Revenson and J. Singer (Eds.), *Handbook of health psychology*, pp. 727–746. Mahwah, NJ: Erlbaum.
Apanovitch, A., Salovey, P., and Merson, M. (1998). The Yale-MTV study of attitudes of American youth. Manuscript in preparation.

p. 63　在社會心理學的領域：Sagarin, B., Cialdini, R., Rice, W., and Serna, S. (2002). Dispelling the illusion of invulnerability: The motivations and mechanisms of resistance to persuasion. *Journal of Personality and Social Psychology, 83,* 3: 536–541.

p. 75　《信任的科學》(*The Science of Trust*)：Gottman, J. (2011). *The science of trust: Emotional attunement for couples.* New York: W. W. Norton & Company.

p. 75　加州大學柏克萊分校的〈至善網〉網站：John Gottman on Trust and Betrayal. October 28, 2011. Retrieved February 2012. http://greatergood.berkeley.edu/article/item/john_gottman_on_trust_and_betrayal/ (www.

greatergood.berkeley.edu)
p. 79　一些很有說服力的領導研究：Fuda, P., and Badham, R. (2011). Fire, snowball, mask, movie: How leaders spark and sustain change. *Harvard Business Review.* http://hbr.org/2011/11/fire-snowball-mask-movie-how-leaders-spark-and-sustain-change/ar/1

【第三章】瞭解與克服自卑（又稱「打怪練功」）

p. 98　二〇一一年……的研究：Kross, E., Berman, M., Mischel, W., Smith, E.E., & Wager, T. (2011). Social rejection shares somatosensory representations with physical pain. *Proceedings of the National Academy of Sciences, 108*, 15: 6270-6275.

p. 99　多數自卑研究者：For the most comprehensive review of the shame and guilt literature see *Shame and Guilt* by June Price Tangney and Ronda L. Dearing (New York: Guilford Press, 2002).

除此之外，我還推薦閱讀：*Shame in the Therapy Hour* edited by Ronda Dearing and June Tangney (American Psychological Association 2011).

p. 100　自卑情緒和……有密切的關係；研究人員完全找不到……：

下列幾本書和專文探討自卑和多種結果之間的關係：

Balcom, D., Lee, R., and Tager, J. (1995). The systematic treatment of shame in couples. *Journal of Marital and Family Therapy, 21*: 55–65.

Brown, B. (2007). *I thought it was just me: Women reclaiming power in a culture of shame.* New York: Gotham.

Brown, B (2006). Shame resilience theory: A Grounded theory study on women and shame. *Families in Society 87*, 1: 43–52.

Dearing, R., and Tangney, J. (Eds). (2011). *Shame in the therapy hour.* American Psychological Association.

Dearing, R., Stuewig, J., and Tangney, J. (2005). On the importance of distinguishing shame from guilt: Relations to problematic alcohol and drug use. *Addictive Behaviors, 30*: 1392–1404.

Ferguson, T. J., Eyre, H. L., and Ashbaker, M. (2000). Unwanted identities: A key variable in shame-anger links and gender differences in shame. *Sex Roles, 42*: 133–157.

Hartling, L., Rosen, W., Walker, M., and Jordan, J. (2000). *Shame and humiliation: From isolation to relational transformation* (Work in Progress No. 88). Wellesley, MA: The Stone Center, Wellesley College.

Jordan, J. (1989). *Relational development: Therapeutic implications of empathy and shame* (Work in Progress No. 39). Wellesley, MA: The Stone Center, Wellesley College.

Lester, D. (1997). The role of shame in suicide. *Suicide and Life-Threatening Behavior, 27:* 352–361.

Lewis, H. B. (1971). *Shame and guilt in neurosis.* New York: International Universities Press.

Mason, M. (1991). Women and shame: Kin and culture. In C. Bepko (ed.), *Feminism and addiction*, pp. 175–194. Binghamton, NY: Haworth.

Nathanson, D. (1997). Affect theory and the compass of shame. In M. Lansky and A. Morrison (Eds.), *The widening scope of shame.* Hillsdale, NJ: Analytic.

Sabatino, C. (1999). Men facing their vulnerabilities: Group processes for men who have sexually offended. *Journal of Men's Studies, 8:* 83–90.

Scheff, T. (2000). Shame and the social bond: A sociological theory. *Sociological Theory, 18:* 84–99.

Scheff, T. (2003). Shame in self and society. *Symbolic Interaction, 26:* 239–262.

Stuewig, J., Tangney, J. P., Mashek, D., Forkner, P., & Dearing, R. (2009). The moral emotions, alcohol dependence, and HIV risk behavior in an incarcerated sample. *Substance Use and Misuse, 44:* 449-471.

Talbot, N. (1995). Unearthing shame is the supervisory experience. *American Journal of Psychotherapy, 49:* 338–349.

Tangney, J. P., Stuewig, J., and Hafez, L. (in press). Shame, guilt and remorse: Implications for offender populations. *Journal of Forensic Psychiatry & Psychology.*

Tangney, J. P., Stuewig, J., Mashek, D., and Hastings, M. (2011). Assessing jail inmates' proneness to shame and guilt: Feeling bad about the behavior or the self? *Criminal Justice and Behavior, 38:* 710-734.

Tangney, J. P. (1992). Situational determinants of shame and guilt in young adulthood. *Personality and Social Psychology Bulletin, 18:* 199–206.

Tangney, J. P., and Dearing, R. (2002). *Shame and guilt.* New York: Guilford.

p. 101 丟臉也是……的詞彙：Klein, D. C. (1991). The humiliation dynamic. An overview. *The Journal of Primary Prevention, 12, 2:* 93–122.

p. 104 《躲在我腦中的陌生人》（*Incognito*）：Eagleman, D. (2011). *Incognito: The secret lives of the brain.* New York: Pantheon.

p. 105 衛斯理學院史東中心（Stone Center）的研究：Hartling, L., Rosen, W., Walker, M., and Jordan, J. (2000). Shame and humiliation: From isolation to relational transformation (*Work in Progress No. 88*). Wellesley, MA: The Stone Center, Wellesley College.

p. 110 詹姆斯．潘尼貝克的研究工作：

Pennebaker, J.W. (2004). *Writing to heal: A guided journal for recovering from trauma and emotional upheaval.* Oakland: New Harbinger Publications.

Pennebaker, J.W. (2010). Expressive writing in a clinical setting. *The Independent Practitioner, 30:* 23-25.

Petrie, K.J., Booth, R.J., & Pennebaker, J.W. (1998). The immunological effects of thought suppression. *Journal of Personality and Social Psychology, 75:* 1264-1272.

Pennebaker, J.W., Kiecolt-Glaser, J., and Glaser, R. (1988). Disclosure of traumas and immune function: Health implications for psychotherapy. *Journal of Consulting and Clinical Psychology, 56:* 239-245.

Richards, J.M., Beal, W.E., Seagal, J., & Pennebaker, J.W. (2000). The effects of disclosure of traumatic events on illness behavior among psychiatric prison inmates. *Journal of Abnormal Psychology, 109:* 156-160.

p. 111 詹姆斯．潘尼貝克的著作《寫作療癒》：Pennebaker, J.W. (2004). *Writing to heal: A guided journal for recovering from trauma and emotional upheaval.* Oakland: New Harbinger Publications.

p. 117 作家瑪麗蓮．弗萊（Marilyn Frye）形容雙重束縛：Frye, M. (2001). Oppression. In M. Anderson and P. Collins (Eds.), *Race, class and gender: An anthology.* New York: Wadsworth.

p. 118 美國有一項研究衡量女性符合女性化規範的程度：Mahalik, J. R., Morray, E., Coonerty-Femiano, A., Ludlow, L. H., Slattery, S. M., & Smiler, A. (2005). Development of the conformity to feminine norms inventory. *Sex Roles, 52:* 317-335.

p. 130 諷刺的是（也許這也是天性），研究告訴我們，我們在容易感到自卑的領域會特別容易評判他人：Shrauger, S., and Patterson, M. (1974). Self-evaluation and the selection of dimensions for evaluating others. *Journal of Personality, 42*, 569-585.

p. 131 我投書《休士頓紀事報》（*Houston Chronicle*）談到霸凌：Brown, B. (September 30, 2002). Reality TV bites: Bracing for a new season of bullies [op-ed]. *Houston Chronicle*, p. 23A.

p. 138 當研究人員觀察美國把哪些屬性和男性化特質聯想在一起時：Mahalik, J.R., Locke, B., Ludlow, L., Diemer, M., Scott, R.P.J., Gottfried, M., & Freitas, G. (2003). Development of the Conformity to Masculine Norms Inventory. *Psychology of Men and Masculinity, 4:* 3-25.

Brown, C.B. (2002). Acompañar: A grounded theory of developing, maintaining and assessing relevance in professional helping. *Dissertation Abstracts International*, 63(02). (UMI No. 3041999).

Brown, B. (2010). *The gifts of imperfection: Letting go of who we think we should be and embracing who we are.* Center City, MN: Hazelden.

Brown, B. (2010). Shame resilience theory. In S.P.Robbins, P.Chatterjee, and E.R.Canda (Eds.), *Contemporary human behavior theory: A critical perspective for social work*, rev. ed. Boston: Allyn and Bacon.

p. 141 《絨毛兔》（*The Veleteen Rabbit*）:Williams, Margery (1922). *The velveteen rabbit.* New York: Doubleday.

【第四章】防衛脆弱的武器

p. 164 克莉絲汀．聶夫博士（Dr. Kristin Neff）：

Neff, K. (2011). *Self-compassion: Stop beating yourself up and leave insecurity behind.* New York: William Morrow.

Neff, K. (2003). Self-Compassion: An alternative conceptualization of a healthy attitude toward oneself. *Self and Identity, 2:* 85–101.

Neff, K. (2003). The development and validation of a scale to measure self-compassion, *Self and Identity, 2:* 223–50.

p. 165 葛瑞琴・魯賓（Gretchen Rubin）：http://www.gretchenrubin.com/

Rubin, G. (2012). *Happier at home: Kiss more, jump more, abandon a project, read Samuel Johnson, and my other experiments in the practice of everyday life.* New York: Crown Archetype.

Rubin, G. (2009). *The happiness project: Or, why i spent a year trying to sing in the morning, clean my closets, fight right, read Aristotle, and generally have more fun.* New York: Harper.

p. 166 安德莉雅・謝爾（Andrea Scher）：http://www.superherojournal.com/ and http://www.superherophoto.com/

p. 167 尼古拉斯・威爾頓（Nicholas Wilton）：http://nicholaswiltonpaintings.com/ and http://www.artplaneworkshop.com/

p. 169 李歐納・科恩（Leonard Cohen）："Anthem," *The Future*, 1992, Columbia Records.

p. 171 疾病控制與預防中心（The Centers for Disease Control）：*Morbidity and Mortality Weekly Report* (MMWR) November, 2011: Vital Signs: Overdoses of Prescription Opioid Pain Relievers–United States, 1999–2008.

p. 171 更驚人的是：Stutman, Robert. 2011 lecture at The UP Experience. This video can be viewed here: http://www.thestutmangroup.com/media.html#video

p. 173 珍・貝克・密勒（Jean Baker Miller）和愛琳・史蒂芙（Irene Stiver）：Miller, J. B., and Stiver, I. P. (1997). *The healing connection: How women form relationships in both therapy and in life*. Boston: Beacon Press.

p. 176 二〇一〇年肯・羅賓森（Sir Ken Robinson）在精彩的TED演講中：http://www.ted.com/talks/lang/en/sir_ken_robinson_bring_on_the_revolution.html

p. 180 珍妮弗・勞登（Jennifer Louden）：http://jenniferlouden.com/

Louden, J. (2007). *The life organizer: A woman's guide to a mindful year*. Novato, CA: New World Library.

p. 181 《休士頓紀事報》：Brown, B. (July 25, 2009). Time to get off the phone [op-ed]. *Houston Chronicle*, p. B7.

p. 186　我的博士論文中：Brown, C. B. (2002). Acompañar: A grounded theory of developing, maintaining and assessing relevance in professional helping. Dissertation Abstracts International, *63* (02). (UMI No. 3041999).

p. 188　創傷後壓力導致：
Parrish, K. (2011), Battaglia calls reducing suicides a top priority. American Forces Press Service. US Department of Defense. Harrell, M., and Berglass, N. (2011). Losing the battle: The challenge of military suicide. Center for New American Security Policy Brief.

p. 188　德州大學的心理學家和自殺專家雷格．布萊恩（Craig Bryan）：Thompson, M. (April 13, 2010). *Is the army losing its war on suicide? Time* Magazine.

p. 189　《美國律師協會期刊》（*American Bar Association Journal*）：Weiss, D.C. (2009). Perfectionism, "psychic battering" among reasons for lawyer depression. *American Bar Association Journal.*

p. 191　紅白藍隊（Team Red, White and Blue）：http://www.teamrwb.org/

p. 199　《妙親家與俏冤家》（*The In-Laws*）：*The In-Laws* (1979). Warner Bros. Pictures.

p. 207　《成名在望》（*Almost Famous*）：*Almost Famous* (2000). DreamWorks Studios.

p. 207　史考特．斯特拉登（Scott Stratten）：http://www.unmarketing.com/
Stratten, S. (2010). *Unmarketing: Stop marketing. Start engaging.* Hoboken: Wiley.

【第五章】跨過理想和現實的差距：培養改變，消弭鴻溝

p. 210　泰倫斯．迪爾（Terrance Deal）和艾倫．甘迺迪（Allan Kennedy）：Deal, T. and Kennedy, A. (2000). *Corporate cultures. The rites and rituals of corporate life.* New York: Perseus.

【第六章】破壞性投入：讓教育和職場重新人性化起來

p. 224　肯．羅賓森呼籲：Robinson, K. (2011). Second Edition. *Out of our minds: Learning to be creative.* Bloomington, MN: Capstone Publishing.

p. 227　職場霸凌學會（Workplace Bullying Institute）：http://www.

workplacebullying.org/wbiresearch/2010-wbi-national-survey/

p. 227　……在職場上遭到霸凌：Deschenaux, J. (2007). *Experts: Anti-bullying policies increase productivity,* Retrieved from http://www.shrm.org/LegalIssues/EmploymentLaw

p. 231　比爾蓋茲投書《紐約時報》：Gates, B. (February 22, 2012). Shame is not the solution [op-ed]. *The New York Times.*

p. 233　自卑研究者茱恩・湯妮（June Tangney）和蘭達・狄林（Ronda Dearing）解釋：Tangney, J. P., and Dearing, R. (2002). *Shame and guilt.* New York: Guilford.

p. 237　貝爾・胡克斯（bell hooks）和保羅・弗萊勒（Paulo Freire）：
Freire, P. (1970). *Pedagogy of the oppressed.* New York: Continuum.
hooks, b. (1994). *Teaching to transgress: Education as the price of freedom.* New York: Routledge.

p. 237　丹尼斯・沙勒比（Dennis Saleebey）：Saleebey, D. (1996). The strengths perspective in social work practice: Extensions and cautions. *Social Work, 41,* 3: 296–306.

p. 248　接受CNN Money訪問的影片：http://management.fortune.cnn.com/2012/03/16/lululemon-christine-day. Retrieved March 2012.

p. 250　《部落：一呼百應的力量》（*Tribes*）：Godin, S. (2008). *Tribes: We need you to lead us*. New York: Portfolio.

【第七章】全心投入的教養法：放膽去做孩子的榜樣

p. 263　我得到的最佳教養建議之一：*The Oprah Winfrey Show*. Harpo Studios. May 26, 2000.

p. 281　施奈德（C. R. Snyder）對「希望」的研究：
Snyder C. R. (2003). *Psychology of hope: You can get there from here,* paperback ed. New York: Free Press.
Snyder C. R., Lehman, Kenneth A., Kluck, Ben, and Monsson, Yngve. (2006). Hope for rehabilitation and vice versa," *Rehabilitation Psychology, 51,* 2: 89–112.
Snyder C. R. (2002). Hope theory: Rainbows in the mind." *Psychological Inquiry, 13,* 4: 249–75.

【附錄】讓信任浮現：紮根理論和我的研究流程

p. 294　放棄自己的利益：Glaser, B., and Strauss, A. (1967). *The discovery of grounded theory*. Chicago: Aldine.

Glaser, B. (1978). *Theoretical sensitivity: Advances in the methodology of grounded theory*. Mill Valley, CA: Sociological Press.

Glaser, B. (1992). *Basics of grounded theory: Emergence versus forming*. Mill Valley, CA: Sociological Press.

Glaser, B. (1998). *Doing grounded theory: Issues and discussions*. Mill Valley, CA: Sociological Press.

Glaser, B. (2001). *The grounded theory perspective: Conceptualization contrasted with description*. Mill Valley, CA: Sociological Press.

p. 295　行為研究員弗雷德．克林格（Fred Kerlinger）定義：Kerlinger, Fred N. (1973). *Foundations of behavioral research*. 2nd edition. New York: Holt, Rinehart and Winston.

p. 296　開發出克服自卑的理論：Brown, 2004, 2005, 2009, 2010.

p. 297　由葛拉瑟和史特勞斯發明：Glaser, B., and Strauss, A. (1967). *The discovery of grounded theory*. Chicago: Aldine.

p. 297　由葛拉瑟改良的紮根理論方法：Glaser, 1978, 1992, 1998, 2001.

p. 298　使用理論取樣時：Glaser, 1978.

p. 298　紮根理論的一個重要原則：Glaser, 1978, 1998, 2001.

p. 299　紮根理論的一個基本原則是「全都是資料」：Glaser, 1998.

p. 300　調整的會話式訪談：Glaser, 1978,1998.

p. 300　紮根理論的研究者必須：Glaser, 1978, 1998, 2001.

p. 301　……從資料中得出理論：Glaser, 1978, 1998, 2001.

p. 302　葛拉瑟指出：Glaser, 1998.

p. 302　……維持現有理論的完好：Glaser, 1998.

p. 302　……讓核心問題及流程出現：Glaser, 1992; Glaser, 1998.

p. 302　能解釋發生了什麼：Glaser, 1998.

p. 302　……理論必須持續修改：Glaser, 1978.

國家圖書館出版品預行編目資料

脆弱的力量／布芮尼・布朗（Brené Brown）著；洪慧芳譯. -- 初版. -- 臺北市：馬可孛羅文化出版：家庭傳媒城邦分公司發行, 2013.10
面；　公分. --（不分類；MI1008）
譯自：Daring greatly: how the courage to be vulnerable transforms the way we live, love, parent and lead
ISBN 978-986-6319-87-7（平裝）
1. 自我肯定　2. 自我實現
177.2　　102015356

MI1008

脆弱的力量

Daring Greatly: How the Courage to Be Vulnerable Transforms the Way We Live, Love, Parent, and Lead

作　　者❖布芮尼・布朗（Brené Brown）
譯　　者❖洪慧芳
封面設計❖蔡南昇
總 編 輯❖郭寶秀
責任編輯❖李雅玲

發 行 人❖凃玉雲
出　　版❖馬可孛羅文化
104台北市中山區民生東路二段141號5樓
電話：(886)2-25007696
發　　行❖英屬蓋曼群島商家庭傳媒股份有限公司城邦分公司
104台北市中山區民生東路二段141號2樓
客服服務專線：(886)2-25007718；25007719
24小時傳真專線：(886)2-25001990；25001991
服務時間：週一至週五9:00～12:00；13:00～17:00
讀者服務信箱：service@readingclub.com.tw
劃撥帳號：19863813　戶名：書虫股份有限公司
香港發行所❖城邦（香港）出版集團有限公司
香港灣仔駱克道193號東超商業中心1樓
電話：（852）25086231　傳真：（852）25789337
E-mail：hkcite@biznetvigator.com
馬新發行所❖城邦（馬新）出版集團 Cite (M) Sdn Bhd
41, Jalan Radin Anum, Bandar Baru Sri Petaling,
57000 Kuala Lumpur, Malaysia.
電話：（603）90578822　傳真：（603）90576622
E-mail: cite@cite.com.my
輸出印刷❖前進彩藝有限公司
初版1刷❖2013年10月
初版50刷❖2023年12月
定　　價❖340元

ISBN：978-986-6319-87-7

城邦讀書花園
www.cite.com.tw